高等教育自学考试系列辅导丛书

丛书组编　四川英华教育文化传播有限公司
Sichuan Yinghua Education & Culture Communication Co.,Ltd

公共基础课模拟试题集（二）

（思想政治理论课）

高等教育自学考试『习近平新时代中国特色社会主义思想概论』辅导资料

主编　梁勤

课程代码
15040

西南财经大学出版社
Southwestern University of Finance & Economics Press
中国·成都

图书在版编目(CIP)数据

公共基础课模拟试题集.二/梁勤主编.--成都:西南财经大学出版社,2025. 2(2025. 8 重印). --ISBN 978-7-5504-6611-1

Ⅰ. D610. 4-44

中国国家版本馆 CIP 数据核字第 2025J2J818 号

公共基础课模拟试题集(二)

GONGGONG JICHUKE MONI SHITIJI(ER)

主编　梁勤

策划编辑:冯雪

责任编辑:冯雪

责任校对:高小田

封面设计:张姗姗

责任印制:朱曼丽

出版发行	西南财经大学出版社(四川省成都市光华村街 55 号)
网　　址	http://cbs. swufe. edu. cn
电子邮件	bookcj@ swufe. edu. cn
邮政编码	610074
电　　话	028-87353785
照　　排	四川胜翔数码印务设计有限公司
印　　刷	郫县犀浦印刷厂
成品尺寸	185 mm×260 mm
印　　张	11. 875
字　　数	202 千字
版　　次	2025 年 2 月第 1 版
印　　次	2025 年 8 月第 2 次印刷
印　　数	5501— 9000 册
书　　号	ISBN 978-7-5504-6611-1
定　　价	39. 80 元

高等教育自学考试系列辅导丛书

编　委　会

丛书前言

依靠自己的力量，在有限的时间里学习一门新学科，从不懂到懂，从不会到会，从不理解到理解，从容易遗忘到记忆深刻，从不会应用到熟练应用，从模仿到创新，把书本知识内化为自己的知识，是一个艰难的过程。在这个过程中，自学者不仅需要认真钻研考试大纲，刻苦学习教材和辅导书，还应该做适量的练习，把学和练有机地结合起来，否则，就不能达到预定的学习目标。“纸上得来终觉浅，绝知此事要躬行。”这是每一位自学者都应遵循的信条。

编写模拟试题，同样是件不容易的事。它对编写者提出了相当高的要求：

●有较深的学术造诣；

●有较丰富的教学经验；

●对高等教育自学考试有深刻的理解并有一定的辅导自学者的经历；

●对考试大纲、教材、辅导书有深入的了解，对文中的重点、难点、相互关系等有准确的理解；

●对自学者的学习需要和已有的知识基础有一定的了解。

只有这些要求都满足的编写者才能编写出高质量的，有利于自学者举一反三、事半功倍的试题集。

基于学习目标的考虑，我们把模拟试题大致分为四个部分：

第一，单项练习，即针对一个知识点而设计的练习题。其目的在于帮助自学者理解和记忆基本概念和理论。

第二，创造性练习，即通过提供多样化的案例、事实、材料，鼓励考生运用所学的理论、观点、方法，创造性地解决问题。这类问题可能没有统一的答案，只有一些参考性的解题思路。其目的很明显，就是培养自学者的创新意识和能力。

第三，综合自测练习，即在整个学科范围内设计练习题，充分参考考试大纲中的题型，编纂成类似考卷的练习题。其目的在于使自学者能够全面及时地检测自身学习状况，帮助自学者做好迎接统一考试的知识及心理准备。

第四，历届试题练习，旨在帮助自学者能按正规考试要求进行学习效果的测试。

子曰："学而时习之，不亦说乎。"本书可以让自学者边学边练，有规律地进行复习，这不仅可以提高学习效率，也能给艰难的学习过程带来一些快乐。圣人能够体会到这一点，而今，我们每一位自学者也同样能体会到。如果通过这样的学习过程，实现学习目标、实现人生的理想、实现对自我的不断超越，那么，我们说这种学习其乐无穷，实为恰如其分，毫不夸张。

高等教育自学考试系列辅导丛书的编写和出版，旨在适应新时期高等教育自学考试事业发展和教学手段变革的需要，彰显高等教育自学考试现代教育理念，在继承中创新、在发展中提高。牢牢把握正确政治方向和价值导向，打造符合高等教育自学考试教学规律的经典试题集，这是一项艰巨而复杂的培根铸魂、启智增慧式的文化系统工程，它要求编者投入大量的时间与精力。组织并编写高等教育自学考试系列辅导丛书，是深化辅导丛书育人功能、助力高等教育自学考试高质量发展的有益的探索和实践。

先进思想引领伟大事业。面对国家发展、民族复兴的迫切需求，面对时代改革、未来发展带来的巨大挑战，面对知识获取和传授方式的革命性变化，我们理应挺膺担当，以奋发有为的姿态，满怀信心地肩负教育事业赋予文化企业的使命。我们理应砥砺前行，为实现科教兴国的伟大中国教育梦，造就堪当民族复兴大任的"腹有诗书气自华"的时代新人不懈努力。我们坚信，只要怀有对文化教育事业的诚挚热爱，心系考生，情牵教育，牢记使命，那么，胜利与成功必将属于付出努力的人。让我们携手并进，共同书写以教育强国建设支撑引领中国式现代化的新篇章。

四川英华教育文化传播有限公司自考命题研究组

2025 年 1 月于成都

编写说明

高等教育自学考试是我国高等教育基本制度之一，是对社会自学者进行的以学历考试为主的高等教育国家考试，是个人自学、社会助学、国家考试相结合的高等教育形式，也是我国高等教育体系的重要组成部分。

“习近平新时代中国特色社会主义思想概论”系全国高等教育自学考试各专业必考的课程，是为了培养和检验自学考生掌握习近平新时代中国特色社会主义思想的基本精神、基本内容、基本要求而设置的一门思想政治理论课。开设“习近平新时代中国特色社会主义思想概论”课程，是为了使自考生对中国共产党在新时代坚持的基本理论、基本路线、基本方略有更加透彻的理解；并能够对运用马克思主义立场、观点和方法认识问题、分析问题和解决问题能力的提升有更加切实的帮助。

习近平新时代中国特色社会主义思想是当代中国马克思主义、21 世纪马克思主义，是中华文化和中国精神的时代精华，实现了马克思主义中国化时代化新的飞跃。习近平新时代中国特色社会主义思想是党和国家必须长期坚持的指导思想，是全国各族人民团结奋斗的共同思想基础。

《公共基础课模拟试题集（二）》系全国高等教育自学考试各专业必修的思想政治理论课程“习近平新时代中国特色社会主义思想概论”的配套参考用书。为了满足广大考生复习备考要求，我们依托长期从事高等教育自学考试教学和管理的经验，精心编写了本书。

在编写时，我们依据全国高等教育自学考试指导委员会发布的《习近平新时代中国特色社会主义思想概论自学考试大纲》，并参考了由编写组编写的《习近平新时代中国特色社会主义思想概论》（高等教育出版社，人民出版社）教材。我们力求做到重点突出、内容全面，既有针对性，又有较强的实际效果。本书题型包括单项选择题、简答题和论述题等常规考试题型，并配有较为完整的参考答案，以供考生练习使用。

模拟试题毕竟不是试题，希望考生在认真研读教材、大纲的基础上去练习，不可本末倒置，置教材、大纲于不顾，而一味地做题、猜题、押题，相信考生能理解我们编写此书的良苦用心。“书山有路勤为径，学海无涯苦作舟。”辅导书固然好，但也只是一个助手，在通往成功之路上，更多的是需要自学者的勤奋和努力。

“梅花香自苦寒来”，考生在学习“习近平新时代中国特色社会主义思想概论”课程的过程中，只有掌握恰当的学习方法，熟读所学内容，并辅以大量的练习，才能学好这门课程，进而取得优异的成绩，实现梦想。

知识随时在更新，我们会根据新形势、新情况，应广大考生要求，编写出更多、更新、更适合自考需求、更符合自考规律的辅导书。

在编写本书时，我们吸收了许多国内同行的经验和优秀教学成果，并得到主考院校西南科技大学、四川旅游学院、四川大学、成都艺术职业大学、四川科技职业学院、成都航空职业技术学院、四川交通职业技术学院和出版单位西南财经大学出版社的大力支持，在此一并表示感谢。

由于编写时间仓促和经验不足，书中不足之处在所难免，希望考生和助学教师在使用过程中提出批评和意见，我们将会在再版时进行更新与弥补。

四川英华教育文化传播有限公司自考命题研究组

2025 年 1 月于成都

目录

第一部分　综合模拟试卷

第二部分　考试真题

第一部分
综合模拟试卷

全国高等教育自学考试
习近平新时代中国特色社会主义思想概论
模拟试卷（一）

（课程代码　**15040**）

注意事项：

1. 本试卷分为两部分，第一部分为选择题，第二部分为非选择题。

2. 应考者必须按试题顺序在答题卡指定位置上作答，答在试卷上无效。

3. 涂写部分、画图部分必须使用 2B 铅笔，书写部分必须使用黑色字迹签字笔。

第一部分　选择题（50 分）

一、单项选择题：本大题共 25 小题，每小题 2 分，共 50 分。在每小题列出的备选项中只有一项是最符合题目要求的，请将其选出。

1. 以习近平同志为核心的党中央找到了跳出治乱兴衰历史周期率的第二个答案是（　　）。

A. 人民民主　　B. 全面从严治党

C. 自我革命　　D. 依宪治国

2. 中国特色社会主义最本质的特征是（　　）。

A. 中国共产党领导　　B. 人民民主

C. 密切联系群众　　D. 民主集中制

3. 坚持和发展中国特色社会主义的行动指南是（　　）。

A. 党的基本理论　　B. 党的基本路线

C. 党的基本方略　　D. 国家方针政策

4. 关于中国梦的论述，错误的是（　　）。

A. 中国梦是国家的梦

B. 中国梦是民族的梦

C. 中国梦是每一个中国人的梦

D. 中国梦是全人类的梦

5. 社会主义现代化的根本要求是（　　）。

A. 物质富足、精神富有　　B. 物质富足、文化繁荣

C. 精神富有、教育发达　　D. 精神富有、科技发展

6. 关系中国特色社会主义的性质、方向和命运的是（　　）。

A. 改革开放　　B. 中国共产党领导

C. 人民当家作主　　D. 社会主义

7. 马克思主义的本质属性和鲜明品格是（　　）。

A. 历史性　　B. 时代性

C. 人民性　　D. 实践性

8. 我们党做好一切工作的价值取向和根本标准是（　　）。

A. 让群众满意　　B. 人民过上小康生活

C. 与时俱进　　D. 工作方法是否正确

9. 当代中国最显著的特征、最壮丽的气象是（　　）。

A. 全民脱贫　　B. 人民过上小康生活

C. 全面从严治党　　D. 改革开放

10. 解决我国一切问题的基础和关键是（　　）。

A. 发展　　B. 教育

C. 科技　　D. 人才

11. 全面建设社会主义现代化国家的基础性、战略性支撑是（　　）。

A. 教育、科技、创新　　B. 教育、科技、基础设施

C. 教育、科技、人才　　D. 教育、基础设施、资源

12. 我们攀登世界科技高峰的必由之路是（　　）。

A. 自力更生　　B. 科技创新

C. 自主创新　　D. 培养人才

13. 人民民主是全面建设社会主义现代化国家的（　　）。

A. 必然要求　　B. 应有之义

C. 内在要求　　D. 前提基础

14. 习近平总书记在党的二十大报告中指出，社会主义民主政治的本质属性是（　　）。

A. 人民当家作主　　B. 民主集中制

C. 全过程人民民主　　D. 人民民主专政

15. 中国共产党和中国人民最显著的精神标识是（　　）。

A. 团结奋斗　　B. 勇于奉献

C. 敢为人先　　D. 不怕牺牲

16. 提出“全面依法治国是国家治理的一场深刻革命，关系党执政兴国，关系人民幸福安康，关系党和国家长治久安”的是（　　）。

A. 习近平　　B. 江泽民

C. 胡锦涛　　D. 邓小平

17. 加强青少年法治教育，引导广大青少年做社会主义法治的（　　）。

A. 忠实崇尚者、自觉遵守者、坚定捍卫者

B. 坚定捍卫者、坚定执行者、坚定支持者

C. 忠实崇尚者、自觉遵守者、坚定执行者

D. 坚定捍卫者、自觉遵守者、坚定执行者

18. 文化繁荣兴盛是实现中华民族伟大复兴的（　　）。

A. 精神支撑　　B. 应有之义

C. 内在要求　　D. 前提基础

19. 全面建设社会主义现代化国家，必须坚持（　　）。

A. 中国特色社会主义文化发展道路，增强制度自信，围绕举旗帜、聚民心、育新人、兴文化、展形象建设社会主义文化强国

B. 中国特色社会主义文化发展道路，增强道路自信，围绕举旗帜、聚民心、育新人、兴文化、展形象建设社会主义文化强国

C. 中国特色社会主义文化发展道路，增强文化自信，围绕举旗帜、聚民心、育新人、兴文化、展形象建设社会主义文化强国

D. 中国特色社会主义文化发展道路，增强理论自信，围绕举旗帜、聚民心、育新人、兴文化、展形象建设社会主义文化强国

20. 承载着一个民族，一个国家的精神追求，体现着一个社会评判是非曲直的价值标准的是（　　）。

A. 社会主义荣辱观

B. 以爱国主义为核心的民族精神和以改革创新为核心的时代精神

C. 马克思主义指导思想

D. 核心价值观

21. 把“生态文明建设”纳入中国特色社会主义“五位一体”总体布局的是（　　）。

A. 党的十七大　　B. 党的十八大

C. 党的十九大　　D. 党的二十大

22. 总体国家安全观的关键是（　　）。

A. 大安全　　B. 安全观

C. 国家　　D. 总体

23. 党的十九大明确提出，党在新时代的强军目标是建设一支（　　）。

A. 听党指挥、能打胜仗、作风优良的人民军队

B. 听党指挥、能打胜仗、纪律严明的人民军队

C. 作风优良、素质过硬、纪律严明的人民军队

D. 政治合格、能打胜仗、作风优良的人民军队

24. 中国恢复对澳门行使主权的时间是（　　）。

A. 1997 年 7 月 1 日　　B. 1997 年 12 月 20 日

C. 1999 年 7 月 1 日　　D. 1999 年 12 月 20 日

25. 党生存发展的第一位的问题是（　　）。

A. 政治立场　　B. 政治方向

C. 政治能力　　D. 政治生态

第二部分　非选择题（50 分）

二、简答题（本大题共 5 小题，每小题 7 分，共 35 分）

26. 简述“十个明确”的内容。

27. 简述中国式现代化的本质要求。

28. 为什么说改革开放是永无止境的?

29. 如何办好人民满意的教育?

30. 简述社会主义核心价值观的基本内容。

三、论述题（本大题共 1 小题，共 15 分）

31. 综合材料回答问题：

民生是人民幸福之基、社会和谐之本。增进民生福祉是发展的根本目的。习近平总书记指出："让老百姓过上好日子是我们一切工作的出发点和落脚点。"

——摘自《习近平新时代中国特色社会主义思想学习纲要（2023 年版）》，学习出版社、人民出版社，第 210 页。

怎样理解坚持在发展中增进民生福祉?

全国高等教育自学考试
习近平新时代中国特色社会主义思想概论
模拟试卷（一）
参考答案

（课程代码　**15040**）

一、单项选择题（本大题共25小题，每小题2分，共50分）

1. C	2. A	3. A	4. D	5. A	6. B	7. C	8. A	9. D
10. A	11. C	12. C	13. B	14. C	15. A	16. A	17. A	18. A
19. C	20. D	21. B	22. D	23. A	24. D	25. B		

二、简答题（本大题共5小题，每小题7分，共35分）

26. 答：（1）明确中国特色社会主义最本质的特征是中国共产党领导，中国特色社会主义制度的最大优势是中国共产党领导，中国共产党是最高政治领导力量，全党必须增强“四个意识”、坚定“四个自信”、做到“两个维护”；

（2）明确坚持和发展中国特色社会主义，总任务是实现社会主义现代化和中华民族伟大复兴，在全面建成小康社会的基础上，分两步走，在本世纪中叶建成富强民主文明和谐美丽的社会主义现代化强国，以中国式现代化推进中华民族伟大复兴；

（3）明确新时代我国社会主要矛盾是人民日益增长的美好生活需要和不平衡不充分的发展之间的矛盾，必须坚持以人民为中心的发展思想，发展全过程人民民主，推动人的全面发展、全体人民共同富裕取得更为明显的实质性进展；

（4）明确中国特色社会主义事业总体布局是经济建设、政治建设、文化建设、社会建设、生态文明建设“五位一体”，战略布局是全面建设社会主义现代化国家、全面深化改革、全面依法治国、全面从严治党“四个全面”；

（5）明确全面深化改革总目标是完善和发展中国特色社会主义制度、推进国家治理体系和治理能力现代化；

（6）明确全面推进依法治国总目标是建设中国特色社会主义法治体系、建设社会主义法治国家；

（7）明确必须坚持和完善社会主义基本经济制度，使市场在资源配置中起决定性作用，更好发挥政府作用，把握新发展阶段，贯彻创新、协调、绿色、开放、共享的新发展理念，加快构建以国内大循环为主体、国内国际双循环相互促进的新发展格局，推动高质量发展，统筹发展和安全；

（8）明确党在新时代的强军目标是建设一支听党指挥、能打胜仗、作风优良的人民军队，把人民军队建设成为世界一流军队；

（9）明确中国特色大国外交要服务民族复兴、促进人类进步，推动建设新型国际关系，推动构建人类命运共同体；

（10）明确全面从严治党的战略方针，提出新时代党的建设总要求，全面推进党的政治建设、思想建设、组织建设、作风建设、纪律建设，把制度建设贯穿其中，深入推进反腐败斗争，落实管党治党政治责任，以伟大自我革命引领伟大社会革命。

27. 答：

中国式现代化的本质要求是：坚持中国共产党领导，坚持中国特色社会主义，实现高质量发展，发展全过程人民民主，丰富人民精神世界，实现全体人民共同富裕，促进人与自然和谐共生，推动构建人类命运共同体，创造人类文明新形态。

28. 答：（1）改革开放永无止境是社会基本矛盾运动规律的深刻反映；

（2）改革开放永无止境是总结世界社会主义实践经验得出的重要结论；

（3）改革开放永无止境是推进党和人民事业发展的必然要求。

29. 答：人民满意是发展教育的根本尺度。加快建设教育强国，最终是办好人民满意的教育。要坚持以人民为中心发展教育，努力让每个人享有受教育的机会，获得发展自身、奉献社会、造福人民的能力，增强人民的教育获得感，不断满足人民对更好教育的期盼。

（1）大力促进教育公平；

（2）加快建设高质量教育体系；

（3）提升教育服务经济社会发展能力；

（4）坚持深化教育改革创新；

（5）坚持把教师队伍建设作为基础工作。

30. 答：社会主义核心价值观的内容是富强、民主、文明、和谐、自由、平等、公正、法治、爱国、敬业、诚信、友善。

三、论述题（本大题共1小题，共15分）

31. 答：（1）发展是解决民生问题的“总钥匙”，民生是发展的“指南针”。要在发展过程中始终注重民生、保障民生、改善民生，根据经济发展和财力状况，逐步提高人民生活水平，让群众得到更多看得见、摸得着的实惠，不断厚植民生福祉。

（2）正确把握民生和发展的关系，是保障和改善民生的重要前提。发展是改善民生的物质基础，离开发展谈改善民生是无源之水、无本之木。

（3）坚守底线、突出重点、完善制度、引导预期，是保障和改善民生的工作思路。

（4）解决人民群众最关心最直接最现实的利益问题，是保障和改善民生的重中之重。

（5）坚持尽力而为、量力而行，是保障和改善民生的重要方针。

（6）坚持人人尽责、人人享有，让所有劳动者在推动发展中分享发展成果，是保障和改善民生的重要原则。

全国高等教育自学考试
习近平新时代中国特色社会主义思想概论
模拟试卷（二）

（课程代码 15040）

注意事项：

1. 本试卷分为两部分，第一部分为选择题，第二部分为非选择题。

2. 应考者必须按试题顺序在答题卡指定位置上作答，答在试卷上无效。

3. 涂写部分、画图部分必须使用 2B 铅笔，书写部分必须使用黑色字迹签字笔。

第一部分 选择题（50 分）

一、单项选择题： 本大题共 25 小题，每小题 2 分，共 50 分。在每小题列出的备选项中只有一项是最符合题目要求的，请将其选出。

1. 中国特色社会主义制度的最大优势是（ ）。

A. 中国共产党领导　　B. 人民民主

C. 集中力量办大事　　D. 民主集中制

2. 代表着中华民族独特的精神标识的是（ ）。

A. 坚定道路自信　　B. 坚定理论自信

C. 坚定制度自信　　D. 坚定文化自信

3. 坚持和发展新时代中国特色社会主义，必须统筹推进“五位一体”总体布局，“五位一体”指的是（ ）。

A. 经济建设、政治建设、文化建设、社会建设、精神文明建设

B. 经济建设、政党建设、文化建设、社会建设、精神文明建设

C. 经济建设、政党建设、文化建设、社会建设、生态文明建设

D. 经济建设、政治建设、文化建设、社会建设、生态文明建设

4. 下列属于中国式现代化的本质要求的是（　　）。

A. 生态文明建设　　B. 促进人与自然和谐共生

C. 美丽中国　　D. 绿色发展

5. 马克思主义的本质属性和鲜明品格是（　　）。

A. 历史性　　B. 时代性

C. 人民性　　D. 实践性

6. 人民是我们党的（　　）。

A. 生命之根、执政之基、力量之源

B. 生命之柱、执政之根、力量之源

C. 生命之源、执政之基、力量之根

D. 生命之根、执政之源、力量之基

7. 中国特色社会主义本质要求是（　　）。

A. 中国共产党领导　　B. 人民过上小康生活

C. 共同富裕　　D. 一部分人先富起来

8. 决定当代中国命运的关键一招是（　　）。

A. 和平竞赛　　B. 和平过渡

C. 改革开放　　D. 反腐倡廉

9. 党的二十大报告指出，新时代我国经济社会发展的鲜明主题是（　　）。

A. 全方位发展　　B. 高速度发展

C. 多层次发展　　D. 高质量发展

10. 教育、科技、人才是全面建设社会主义现代化国家的基础性、战略性支撑。其中，第一资源指的是（　　）。

A. 人才　　B. 教育

C. 科技　　D. 国防

11. 科技创新的源头是（　　）。

A. 基础研究　　B. 物理研究

C. 基因研究　　D. 纳米科技

12. 信息化、知识经济和创新驱动的时代，推动社会发展最活跃、最积极的因素是（　　）。

A. 资源　　B. 科技

C. 信息　　D. 人才

13. 社会主义的生命是（　　）。

A. 人民民主　　B. 群众路线

C. 实事求是　　D. 一切从实际出发

14. 最广泛、最真实、最管用的民主是（　　）。

A. 人民当家作主　　B. 民主集中制

C. 全过程人民民主　　D. 人民民主专政

15. 下列不属于我国基本政治制度的是（　　）。

A. 中国共产党领导的多党合作和政治协商制度

B. 社会主义市场经济体制

C. 基层群众自治制度

D. 民族区域自治制度

16. 新时代爱国统一战线的历史责任是（　　）。

A. 促进中华儿女大团结　　B. 铸牢中华民族共同体意识

C. 促进世界人民大团结　　D. 坚持求大同存小异

17. 提出“全面依法治国是国家治理的一场深刻革命，关系党执政兴国，关系人民幸福安康，关系党和国家长治久安”的是（　　）。

A. 习近平　　B. 江泽民

C. 胡锦涛　　D. 邓小平

18. 党领导人民治理国家的基本方式是（　　）。

A. 依法治国　　B. 以德治国

C. 以党治国　　D. 人治

19. 一个国家、一个民族发展中最基本、最深沉、最持久的力量是（　　）。

A. 道路自信　　B. 理论自信

C. 制度自信　　D. 文化自信

20. 一个民族赖以维系的精神纽带，一个国家共同的思想道德基础是（　　）。

A. 社会主义荣辱观

B. 以爱国主义为核心的民族精神和以改革创新为核心的时代精神

C. 马克思主义指导思想

D. 核心价值观

21. 社会主义家庭文明新风尚的内容是（　　）。

A. 爱国爱家、相亲相爱、向上向善、共建共享

B. 爱国爱家、相亲相爱、群策群力、共建共享

C. 爱国爱家、相亲相爱、扶危济困、共建共享

D. 扶危济困、相亲相爱、向上向善、共建共享

22. 把“增强绿水青山就是金山银山的意识”写入党章的是（　　）。

A. 党的十七大　　B. 党的十八大

C. 党的十九大　　D. 党的二十大

23. 在总体国家安全观中，根本是（　　）。

A. 社会安全　　B. 人民安全

C. 经济安全　　D. 政治安全

24. 中国政府恢复对香港行使主权的时间是（　　）。

A. 1997 年 7 月 1 日　　B. 1997 年 12 月 20 日

C. 1999 年 7 月 1 日　　D. 1999 年 12 月 20 日

25. 党性、党风、党纪是有机整体，其中党性是（　　）。

A. 根本　　B. 表现

C. 保障　　D. 原则

第二部分　非选择题（50分）

二、简答题（本大题共5小题，每小题7分，共35分）

26. 简述“六个必须坚持”的内容。

27. 简述习近平新时代中国特色社会主义总体布局和战略布局。

28. 为什么说中国共产党是最高政治领导力量？

29. 简述社会主义基本经济制度。

30. 如何构建初次分配、再分配、第三次分配协调配套的制度体系？

三、论述题：本大题共 1 小题，共 15 分。

31. 结合材料回答问题：

习近平总书记指出："统筹发展和安全，增强忧患意识，做到居安思危，是我们党治国理政的一个重大原则。"长期以来，我们党高度重视正确处理改革发展稳定关系，把维护国家安全和社会安定作为党和国家的一项基础性工作来抓，创造了社会长期稳定奇迹，我国成为国际社会公认的最有安全感的国家之一。党的十八大以来，我们党牢牢把握发展和安全的关系，把安全发展贯穿国家发展各领域全过程，国家安全得到全面加强，经受住了来自政治、经济、意识形态、自然界等方面的风险挑战考验，为党和国家兴旺发达、长治久安提供了有力保证。

——摘自《习近平新时代中国特色社会主义思想学习纲要（2023 年版）》，学习出版社、人民出版社，第 242 页。

为什么要统筹发展和安全?

全国高等教育自学考试
习近平新时代中国特色社会主义思想概论
模拟试卷（二）
参考答案
（课程代码 **15040**）

一、单项选择题（本大题共25小题，每小题2分，共50分）

1. A　2. D　3. D　4. B　5. C　6. A　7. C　8. C　9. D
10. A　11. A　12. D　13. A　14. C　15. B　16. A　17. A　18. A
19. D　20. D　21. A　22. C　23. D　24. A　25. A

二、简答题（本大题共5小题，每小题7分，共35分）

26. 答：（1）必须坚持人民至上；

（2）必须坚持自信自立；

（3）必须坚持守正创新；

（4）必须坚持问题导向；

（5）必须坚持系统观念；

（6）必须坚持胸怀天下。

27. 答：（1）总体布局：习近平新时代中国特色社会主义思想深化了对中国特色社会主义总体布局的认识，进一步明确了新时代中国特色社会主义总体布局是经济建设、政治建设、文化建设、社会建设、生态文明建设“五位一体”。

（2）战略布局：习近平新时代中国特色社会主义思想深化了对中国特色社会主义战略布局是全面建设社会主义现代化国家、全面深化改革、全面依法治国、全面从严治党“四个全面”。

28. 答：（1）中国共产党作为最高政治领导力量，得到了最广大人民群众的支持和拥护，得到了各民主党派、各团体、各民族、各阶层、各界人士的支持和拥护。

（2）中国共产党作为最高政治领导力量是由我国国家性质和政治制度体系决定的。

（3）中国共产党作为最高政治领导力量是由中华民族伟大复兴事业决定的。

29. 答：党的十八大以来，以习近平同志为核心的党中央着眼于更好发挥社会主义制度优越性、推动高质量发展，对社会主义基本经济制度作出新概括，将公有制为主体、多种所有制经济共同发展，按劳分配为主体、多种分配方式并存，社会主义市场经济体制等共同作为社会主义基本经济制度。这一基本经济制度，既体现了社会主义制度优越性，又同我国社会主义初级阶段社会生产力发展水平相适应，是党和人民的伟大创造。

30. 答：（1）发挥初次分配的基础性作用，努力提高劳动报酬在初次分配中的比重，健全工资合理增长机制，探索通过土地、资本等要素使用权、收益权增加中低收入群体要素收入，切实保障劳动者待遇和权益，不断壮大中等收入群体。

（2）发挥再分配的调节作用，加大税收、社保、转移支付等的调节力度，提高精准性。

（3）建立健全第三次分配机制，引导、支持有意愿有能力的企业、社会组织和个人积极参与公益慈善事业。

三、论述题：本大题共 1 小题，共 15 分。

31. 答：（1）统筹发展和安全，是党和国家的一项基础性工作，是我们党治国理政的一个重大原则。面对复杂多变的安全和发展环境，党的十九届五中全会首次把统筹发展和安全纳入“十四五”时期我国经济社会发展的指导思想，党的二十大强调“统筹发展和安全”，并将其写入党章。以习近平同志为核心的党中央着眼统筹发展和安全、把握国家安全主动权，明确提出加快构建新安全格局。

（2）发展和安全是两件大事。发展解决的是动力问题，是推动国家和民族赓续绵延的根本支撑；安全解决的是保障问题，是确保国家和民族行稳致远的坚强柱石。发展具有基础性、根本性，是解决安全问题的总钥匙，发展就是最大的安全。安全是发展的条件和保障，没有国家安全，发展只能是“镜花水月”，取得的成果也可能毁于一旦。推动创新发展、协调发展、绿色发展、开放发展、共享发展，前提都是国家安全、社会稳定。没有安全和稳定，一切都无从谈起。

（3）发展和安全是一体之两翼、驱动之双轮，必须同步推进。要坚持发展和安全并重，把国家安全同经济社会发展一起谋划、一起部署，既善于运用发展成果夯实国家安全的实力基础，又善于塑造有利于经济社会发展的安全环境，以发展促安全、以安全保发展，努力建久安之势、成长治之业。

（4）以新安全格局保障新发展格局。牢牢守住安全发展这条底线是构建新发展格局的重要前提和保障。

全国高等教育自学考试
习近平新时代中国特色社会主义思想概论
模拟试卷（三）

（课程代码 **15040**）

注意事项：

1. 本试卷分为两部分，第一部分为选择题，第二部分为非选择题。

2. 应考者必须按试题顺序在答题卡指定位置上作答，答在试卷上无效。

3. 涂写部分、画图部分必须使用 2B 铅笔，书写部分必须使用黑色字迹签字笔。

第一部分 选择题（50 分）

一、单项选择题：本大题共 25 小题，每小题 2 分，共 50 分。在每小题列出的备选项中只有一项是最符合题目要求的，请将其选出。

1. 我们党在探索中国特色社会主义道路中得出的规律性认识是（　　）。

A. “两个结合”　　B. “两个必然”

C. “十个明确”　　D. “十四个坚持”

2. 新发展理念是指（　　）。

A. 创新、协调、绿色、开放、共享

B. 创新、协调、绿色、共赢、共享

C. 平等、持续、绿色、开放、共享

D. 共赢、协调、绿色、开放、共享

3. 代表着中华民族独特的精神标识的是（　　）。

A. 坚定道路自信　　B. 坚定理论自信

C. 坚定制度自信　　D. 坚定文化自信

4. 一百年来，中国共产党团结带领中国人民进行的一切奋斗、一切牺牲、一切创造，归结起来就是一个主题，即实现（　　）。

A. 社会主义和共产主义　　B. 中华民族伟大复兴

C. 最广大人民的根本利益　　D. 生产力发展

5. 中国特色社会主义最本质的特征是（　　）。

A. 坚持改革开放　　B. 坚持与时俱进

C. 中国共产党的领导　　D. 坚持依靠人民

6. 创造历史的真正动力是（　　）。

A. 人民　　B. 工农联盟

C. 政党　　D. 知识分子

7. 我们党的生命之根、执政之基、力量之源是（　　）。

A. 理论　　B. 人民

C. 道德　　D. 文化

8. 我们党始终坚持的根本工作方法是（　　）。

A. 群众路线　　B. 解放思想，实事求是

C. 民主集中制　　D. 组织路线

9. 党的二十大报告指出，全面建设社会主义现代化国家的首要任务是（　　）。

A. 全方位发展　　B. 高速度发展

C. 多层次发展　　D. 高质量发展

10. 中国特色社会主义制度的重要支柱是（　　）。

A. 社会主义基本经济制度　　B. 社会主义基本分配制度

C. 社会主义基本政治制度　　D. 社会主义基本文化制度

11. 我国的根本政治制度是（　　）。

A. 中国共产党领导的多党合作和政治协商制度

B. 人民代表大会制度

C. 基层群众自治制度

D. 民族区域自治制度

12. 中华民族精神的核心是（　　）。

A. 国际主义　　B. 集体主义

C. 英雄主义　　D. 爱国主义

13. 国家治理的一场深刻革命指的是（　　）。

A. 全面依法治国　　B. 全面从严治党

C. 全面深化改革　　D. 全面建设社会主义现代化

14. 明确提出形成中国特色社会主义法律体系重大任务的是（　　）。

A. 党的十五大　　B. 党的十六大

C. 党的十七大　　D. 党的十八大

15. 文化自信是（　　）。

A. 更基础、更广泛、更深厚的自信

B. 更基础、更具体、更深厚的自信

C. 更复杂、更广泛、更深厚的自信

D. 更基础、更广泛、更具体的自信

16. 党的十八大报告提出："倡导富强、民主、文明、和谐，倡导自由、平等、公正、法治，倡导爱国、敬业、诚信、友善，积极培育和践行社会主义核心价值观。"其中"富强、民主、文明、和谐"是从哪一层面对社会主义基本理念的凝练表达？（　　）

A. 国家层面　　B. 社会层面

C. 思想层面　　D. 个人层面

17. 民生是发展的（　　）。

A. 总钥匙　　B. 指南针

C. 助力剂　　D. 方向盘

18. 绿色发展的要义是（　　）。

A. 淘汰过剩产能和落后产能

B. 调整经济结构，提高服务业比重

C. 解决好人与自然和谐共生的问题

D. 发展数字经济抢占未来发展制高点

19. 中国是全球生态文明建设的重要（　　）。

A. 参与者、贡献者、引领者　　B. 参与者、建设者、引领者

C. 建设者、贡献者、引领者　　D. 参与者、守护者、引领者

20. 总体国家安全观中的基础是（　　）。

A. 经济安全　　B. 人民安全

C. 信息安全　　D. 军事安全

21. 与人民群众切身利益关系最密切的是（　　）。

A. 政治安全　　B. 经济安全

C. 人民安全　　D. 社会安全

22. 在强军目标的科学内涵中，核心是（　　）。

A. 听党指挥　　B. 能打胜仗

C. 作风优良　　D. 依法治军

23. “一国两制”的根本宗旨是（　　）。

A. 坚持大团结大联合

B. 实现国家统一

C. 维护国家主权、安全、发展利益，保持香港、澳门长期繁荣稳固定

D. 实行民主基础上的集中和集中指导下的民主

24. 新时代党解决台湾问题的总体方略中，祖国完全统一的根本保证是（　　）。

A. 坚持推动两岸关系和平发展、融合发展

B. 坚持党中央对对台工作的集中统一领导

C. 坚持一个中国原则和“九二共识”

D. 坚持反对外部势力干涉

25. 党性、党风、党纪是有机整体，其中党风是（　　）。

A. 根本　　B. 表现

C. 保障　　D. 原则

第二部分　非选择题（50 分）

二、简答题（本大题共 5 小题，每小题 7 分，共 35 分）

26. 简述习近平新时代中国特色社会主义思想的主要内容。

27. 如何理解中国最大的国情就是中国共产党的领导？

28. 如何推动全体人民共同富裕取得更为明显的实质性进展？

29. 简述新发展理念的科学内涵。

30. 简述习近平法治思想的主要内容。

三、论述题：本大题共 1 小题，共 15 分。

31. 结合材料回答问题：

我国是人民民主专政的社会主义国家，国家一切权力属于人民。我们党始终高举人民民主的旗帜，领导人民进行不懈探索和奋斗，不断发展社会主义民主，确保人民享有广泛而真实的民主权利。党的十八大以来，以习近平同志为核心的党中央深化对民主政治发展规律的认识，提出全过程人民民主的重大理念。习近平总书记指出：“全过程人民民主是社会主义民主政治的本质属性，是最广泛、最真实、最管用的民主。”

——摘自《习近平新时代中国特色社会主义思想学习纲要（2023 年版）》，学习出版社、人民出版社，第 168 页。

为什么说全过程人民民主是最广泛、最真实、最管用的民主？

全国高等教育自学考试
习近平新时代中国特色社会主义思想概论
模拟试卷（三）
参考答案

（课程代码　**15040**）

一、单项选择题（本大题共25小题，每小题2分，共50分）

1. A	2. A	3. D	4. B	5. C	6. A	7. B	8. A	9. D
10. A	11. B	12. D	13. A	14. A	15. A	16. A	17. B	18. C
19. A	20. A	21. D	22. B	23. C	24. B	25. B		

二、简答题（本大题共5小题，每小题7分，共35分）

26. 答：习近平新时代中国特色社会主义思想内涵十分丰富，党的十九大、十九届六中全会提出的“十个明确”“十四个坚持”“十三个方面成就”概括了习近平新时代中国特色社会主义思想的主要内容。党的二十大提出的“六个必须坚持”，是习近平新时代中国特色社会主义思想的世界观、方法论和贯穿其中的立场观点方法的重要体现。

27. 答：（1）中国共产党是中国特色社会主义事业的坚强领导核心。没有中国共产党，就没有新中国，就没有中国特色社会主义。

（2）中国共产党的领导地位是在历史奋斗中形成的。

（3）中国共产党领导是人民当家作主的可靠保障。

（4）中国共产党领导关系中国特色社会主义的性质、方向和命运。中国特色社会主义之所以是社会主义，究其根本就在于坚持科学社会主义基本原则，在于坚持中国共产党的领导。

（5）中国共产党领导是实现中华民族伟大复兴的根本保证。只有坚持中国共产党的领导，才能以坚定的必胜信念、强烈的历史自觉和主动精神，凝聚起全党全国各族人民为实现中华民族伟大复兴攻坚克难、团结奋斗的磅礴伟力，确保中华民族伟大复兴号巨轮劈波斩浪、扬帆远航。

28. 答：共同富裕是中国特色社会主义的本质要求，是中国式现代化的重要特征。坚持以人民为中心的发展思想，真正做到发展成果由人民共享，就必须落实到扎实推进全体人民共同富裕上，在推动共同富裕过程中促进人的全面发展。

（1）实现共同富裕不仅是经济问题，而且是关系党的执政基础的重大政治问题。在中国共产党领导的社会主义中国，我们追求的发展是造福人民的发展，我们追求的富裕是全体人民共同富裕，决不能允许贫富差距越来越大。

（2）要从全局角度来把握共同富裕。共同富裕是全体人民共同富裕，是人民群众物质生活和精神生活都富裕，不是少数人的富裕，也不是整齐划一的平均主义，不是所有人都同时富裕，也不是所有地区同时达到一个富裕水准。要处理好先富和共富的关系，允许一部分人先富起来，同时要积极推动先富带后富。实现全体人民共同富裕是一个长期的历史过程，不可能一蹴而就，必须保持历史耐心、进行不懈努力，根据现有条件把能做的事情尽量做起来，积小胜为大胜，不断推动全体人民共同富裕取得更为明显的实质性进展。

（3）扎实推进共同富裕，必须坚持正确的原则和科学的思路。

（4）推动全体人民共同富裕与促进人的全面发展是高度统一的。

29. 答：新发展理念即创新、协调、绿色、开放、共享的发展理念。创新是引领发展的第一动力，协调是持续健康发展的内在要求，绿色是永续发展的必要条件和人民对美好生活追求的重要体现，开放是国家繁荣发展的必由之路，共享是中国特色社会主义的本质要求。

30. 答：（1）坚持党对全面依法治国的领导；

（2）坚持以人民为中心；

（3）坚持中国特色社会主义法治道路；

（4）坚持依宪治国、依宪执政；

（5）坚持在法治轨道上推进国家治理体系和治理能力现代化；

（6）坚持建设中国特色社会主义法治体系；

（7）坚持依法治国、依法执政、依法行政共同推进，法治国家、法治政府、法治社会一体建设；

（8）坚持全面推进科学立法、严格执法、公正司法、全民守法；

（9）坚持统筹推进国内法治和涉外法治；

（10）坚持建设德才兼备的高素质法治工作队伍；

（11）坚持抓住领导干部这个“关键少数”。

三、论述题：本大题共 1 小题，共 15 分。

31. 答：全过程人民民主是社会主义民主政治的本质属性，是最广泛、最真实、最管用的民主。

（1）全过程人民民主是最广泛的民主。我国宪法规定，国家的一切权力属于人民。全过程人民民主是全体人民共同持续参与，各个民族共同平等享有，不同地域、不同领域、不同层级、不同群体均实现全面覆盖的民主体系，是最广泛的民主。

（2）全过程人民民主是最真实的民主。全过程人民民主把党的主张、国家意志、人民意愿紧密融合在一起，充分彰显了人民的主体地位，彰显了人民民主的真实性。全过程人民民主是真真切切落实到国家政治生活和社会生活各方面、为全体人民真真切切感知和认同的民主体系，是最真实的民主。

（3）全过程人民民主是最管用的民主。“民主不是装饰品，不是用来做摆设的，而是用来解决人民要解决的问题的”。全过程人民民主具有显著的实践优越性，是最管用的民主。

全国高等教育自学考试
习近平新时代中国特色社会主义思想概论
模拟试卷（四）

（课程代码　15040）

注意事项：

1. 本试卷分为两部分，第一部分为选择题，第二部分为非选择题。

2. 应考者必须按试题顺序在答题卡指定位置上作答，答在试卷上无效。

3. 涂写部分、画图部分必须使用 2B 铅笔，书写部分必须使用黑色字迹签字笔。

第一部分　选择题（50 分）

一、单项选择题：本大题共 25 小题，每小题 2 分，共 50 分。在每小题列出的备选项中只有一项是最符合题目要求的，请将其选出。

1. 我们党取得成功的最大法宝是（　　）。

A. “两个结合”　　B. “两个必然”

C. “十个明确”　　D. “十四个坚持”

2. 中国特色社会主义进入新时代的重要标志和依据是形成和出现了（　　）。

A. 人民日益增长的物质文化需要同落后的社会生产之间的矛盾

B. 人民对于经济文化迅速发展的需要同当前经济文化不能满足人民的状况之间的矛盾

C. 人民日益增长的美好生活需要和不平衡不充分的发展之间的矛盾

D. 人民对于建立先进的工业国的要求同落后的农业国的现实之间的矛盾

3. 一百年来，中国共产党为实现中华民族伟大复兴这个伟大梦想，团结带领中国人民实现的第二个伟大飞跃是（　　）。

A. 实现了一穷二白、人口众多的东方大国大步迈进社会主义社会的伟大飞跃

B. 推进了中华民族从站起来到富起来的伟大飞跃

C. 中华民族迎来了从站起来、富起来到强起来的伟大飞跃

D. 推进了从生产力发展缓慢到生产力高度发展的伟大飞跃

4. 中国式现代化，是（　　）。

A. 工人领导的社会主义现代化，既有各国现代化的共同特征，更有基于自己国情的中国特色

B. 中国共产党领导的社会主义现代化，既有各国现代化的共同特征，更有基于自己国情的中国特色

C. 人民领导的社会主义现代化，既有各国现代化的共同特征，更有基于自己国情的中国特色

D. 工农联盟领导的社会主义现代化，既有各国现代化的共同特征，更有基于自己国情的中国特色

5. 中国特色社会主义制度的最大优势是（　　）。

A. 全局谋划

B. 集中力量办大事

C. 中国共产党的领导

D. 全国各族人民心往一处想、劲往一处使

6. 中国共产党能够集中全党全国力量、凝聚全民族共同意志，在各项事业中发挥的作用是（　　）。

A. 总揽全局、协调各方　　B. 总揽全局、掌舵定向

C. 掌舵定向、协调各方　　D. 掌舵定向、坚定立场

7. 我们党的生命之根、执政之基、力量之源是（　　）。

A. 理论　　B. 道德

C. 文化　　D. 人民

8. 党的生命线和根本工作路线是（　　）。

A. 群众路线　　B. 干部路线

C. 组织路线　　D. 思想路线

9. 决定当代中国命运的关键一招，也是决定实现“两个一百年”奋斗目标、实现中华民族伟大复兴的关键一招是（　　）。

A. 和平竞赛　　B. 和平过渡

C. 改革开放　　D. 反腐倡廉

10. 实现高质量发展的指导原则是（　　）。

A. 人才引领　　B. 新发展思路

C. 科技创新　　D. 新发展理念

11. 教育、科技、人才是全面建设社会主义现代化国家的基础性、战略性支撑。其中，第一生产力指的是（　　）。

A. 人才　　B. 教育

C. 科技　　D. 国防

12. 全过程人民民主是（　　）。

A. 全链条、全方位、全覆盖的民主

B. 全链条、全程序、全覆盖的民主

C. 全链条、全理论、全覆盖的民主

D. 全链条、全方位、全程序的民主

13. 社会主义法治最根本的保证是（　　）。

A. 改革开放　　B. 中国共产党的领导

C. 人民当家作主　　D. 社会主义

14. 文化繁荣兴盛是在世界文化激荡中站稳脚跟的（　　）。

A. 必然要求　　B. 应有之义

C. 内在要求　　D. 前提基础

15. 党的十八大报告提出要积极培育和践行社会主义核心价值观，其中从个人层面对社会主义基本理念的凝练表达是（　　）。

A. 富强、民主、文明、和谐　　B. 自由、平等、公正、法治

C. 爱国、敬业、诚信、友善　　D. 创新、包容、开放、进取

16. 下列不属于保障和改善民生的工作思路的是（　　）。

A. 坚守底线　　B. 突出重点

C. 引导预期　　D. 加强领导

17. 解决生态环境问题的治本之策是（　　）。

A. 绿色低碳发展　　B. 节约资源

C. 自然恢复为主　　D. 保护优先

18. 总体国家安全观的宗旨是（　　）。

A. 社会安全　　B. 人民安全

C. 经济安全　　D. 政治安全

19. 社会安定的风向标是（　　）。

A. 政治安全　　B. 经济安全

C. 人民安全　　D. 社会安全

20. 在强军目标的科学内涵中，决定军队建设的政治方向的是（　　）。

A. 听党指挥　　B. 能打胜仗

C. 作风优良　　D. 依法治军

21. “一国两制”方针的最高原则是（　　）。

A. 坚持大团结大联合

B. 保持香港、澳门长期繁荣稳定

C. 维护国家主权、安全、发展利益

D. 实行民主基础上的集中和集中指导下的民主

22. 新时代党解决台湾问题的总体方略中，祖国完全统一的政治基础是（　　）。

A. 坚持推动两岸关系和平发展、融合发展

B. 坚持党中央对对台工作的集中统一领导

C. 坚持一个中国原则和“九二共识”

D. 坚持反对外部势力干涉

23. 新时代对外工作的总目标是（　　）。

A. 推动构建人类命运共同体　　B. 弘扬全人类共同价值

C. 共建“一带一路”　　D. 反对单边主义

24. 2015 年 9 月，习近平在出席第七十届联合国大会一般性辩论时明确指出，全人类的共同价值是（　　）。

A. 和平、发展、公平、正义、民主、自由

B. 和平、发展、平等、正义、民主、自由

C. 和平、发展、公平、平等、民主、自由

D. 和平、共享、公平、正义、民主、自由

25. 党性、党风、党纪是有机整体，其中党纪是（　　）。

A. 根本　　B. 表现

C. 保障　　D. 原则

第二部分　非选择题（50 分）

二、简答题（本大题共 5 小题，每小题 7 分，共 35 分）

26. 简述中国特色社会主义新时代的丰富内涵。

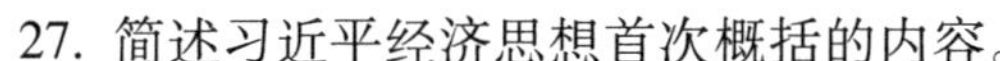

27. 简述习近平经济思想首次概括的内容。

28. 为什么说培养人才是国家和民族长远发展大计？

29. 简述坚持和拓展中国特色社会主义法治道路必须坚持的原则。

30. 为什么要以伟大自我革命引领伟大社会革命？

三、论述题：本大题共 1 小题，共 15 分。

31. 结合材料回答问题：

中国特色社会主义进入新时代，意味着近代以来久经磨难的中华民族迎来了从站起来、富起来到强起来的伟大飞跃，迎来了实现中华民族伟大复兴的光明前景；意味着科学社会主义在 21 世纪的中国焕发出强大生机活力，在世界上高高举起了中国特色社会主义伟大旗帜；意味着中国特色社会主义道路、理论、制度、文化不断发展，拓展了发展中国家走向现代化的途径，给世界上那些既希望加快发展又希望保持自身独立性的国家和民族提供了全新选择，为解决人类问题贡献了中国智慧和中国方案。

——《决胜全面建成小康社会，夺取新时代中国特色社会主义伟大胜利》(2017 年 10 月 18 日)，《习近平著作选读》第二卷，人民出版社 2023 年版，第 9 页。

为什么说中国式现代化创造了人类文明新形态？

全国高等教育自学考试
习近平新时代中国特色社会主义思想概论
模拟试卷（四）
参考答案

（课程代码　**15040**）

一、单项选择题（本大题共25小题，每小题2分，共50分）

1. A	2. C	3. A	4. B	5. C	6. A	7. D	8. A	9. C
10. D	11. C	12. A	13. B	14. D	15. C	16. D	17. A	18. B
19. D	20. A	21. C	22. C	23. A	24. A	25. C		

二、简答题（本大题共5小题，每小题7分，共35分）

26. 答：（1）中国特色社会主义新时代，是承前启后、继往开来、在新的历史条件下继续夺取中国特色社会主义伟大胜利的时代。

（2）中国特色社会主义新时代，是决胜全面建成小康社会、进而全面建设社会主义现代化强国的时代。

（3）中国特色社会主义新时代，是全国各族人民团结奋斗、不断创造美好生活、逐步实现全体人民共同富裕的时代。

（4）中国特色社会主义新时代，是全体中华儿女勠力同心、奋力实现中华民族伟大复兴的中国梦的时代。

（5）中国特色社会主义新时代，是我国不断为人类作出更大贡献的时代。

27. 答：2017年12月召开的中央经济工作会议对习近平经济思想首次作出概括：

（1）以新发展理念为主要内容，坚持加强党对经济工作的集中统一领导；

（2）坚持以人民为中心的发展思想；

（3）坚持适应把握引领经济发展新常态；

（4）坚持使市场在资源配置中起决定性作用，更好发挥政府作用；

（5）坚持适应我国经济发展主要矛盾变化完善宏观调控；

（6）坚持问题导向部署经济发展新战略；

（7）坚持正确工作策略和方法。

28. 答：千秋基业，人才为先。国家发展靠人才，民族振兴靠人才。实施人才强国战略，建设规模宏大、结构合理、素质优良的人才队伍，是我国社会主义现代化建设的必然选择。

（1）人才是人力资源中能力和素质较高的劳动者，在国家发展中具有重要战略地位。

（2）加快人才队伍建设是推动国家发展、实现民族复兴的必然要求。

29. 答：（1）坚持中国共产党的领导；

（2）坚持以人民为中心；

（3）坚持法律面前人人平等；

（4）坚持依法治国和以德治国相结合；

（5）坚持从中国实际出发。

30. 答：伟大的马克思主义政党不是天生的，而是在长期社会实践中锻造而成的，是在不断自我革命中淬炼而成的。

（1）中国共产党的不懈奋斗史，就是一部伟大自我革命和伟大社会革命相互促进的历史。

（2）以伟大自我革命引领伟大社会革命是新时代中国特色社会主义发展的显著特点。新时代坚持和发展中国特色社会主义，是一场艰巨而伟大的社会革命，这就要求我们党以更清醒的自觉、更坚定的决心、更高的标准进行伟大自我革命。

（3）党的伟大事业是一代一代接续推进的，党的自我革命永远在路上。

三、论述题：本大题共1小题，共15分。

31. 答：中国式现代化，深深植根于中华优秀传统文化，体现科学社会主义的先进本质，借鉴吸收一切人类优优秀文明成果，代表人类文明进步的发展方向，是一种全新的人类文明形态。

（1）中国式现代化提供了一种全新的现代化模式。

（2）中国式现代化是对西方式现代化理论和实践的重大超越。

（3）中国式现代化为广大发展中国家提供了全新选择。

全国高等教育自学考试
习近平新时代中国特色社会主义思想概论
模拟试卷（五）

（课程代码　**15040**）

注意事项：

1. 本试卷分为两部分，第一部分为选择题，第二部分为非选择题。

2. 应考者必须按试题顺序在答题卡指定位置上作答，答在试卷上无效。

3. 涂写部分、画图部分必须使用 2B 铅笔，书写部分必须使用黑色字迹签字笔。

第一部分　选择题（50 分）

一、单项选择题：本大题共 25 小题，每小题 2 分，共 50 分。在每小题列出的备选项中只有一项是最符合题目要求的，请将其选出。

1. 近代以来中国人民的共同梦想是（　　）。

A. 实现中华民族伟大复兴　　B. 实现共同富裕

C. 全面建成小康社会　　D. 全民小康生活

2. 最现实、最鲜活的中国化时代化的马克思主义是（　　）。

A. 毛泽东思想

B. “三个代表”重要思想

C. 科学发展观

D. 习近平新时代中国特色社会主义思想

3. 党的十八大以来，我国社会主要矛盾已经转化为（　　）。

A. 人民对于建立先进的工业国的要求同落后的农业国的现实之间的矛盾

B. 人民对于经济文化迅速发展的需要同当前经济文化不能满足人民需要的状况之间的矛盾

C. 人民日益增长的物质文化需要同落后的社会生产之间的矛盾

D. 人民日益增长的美好生活需要和不平衡不充分的发展之间的矛盾

4. 一百年来，中国共产党为实现中华民族伟大复兴这个伟大梦想，团结带领中国人民实现的第三个伟大飞跃是（　　）。

A. 实现了一穷二白、人口众多的东方大国大步迈进社会主义社会的伟大飞跃

B. 推进了中华民族从站起来到富起来的伟大飞跃

C. 中华民族迎来了从站起来、富起来到强起来的伟大飞跃

D. 推进了生产力发展缓慢到生产力高度发展的伟大飞跃

5. 中国共产党和中国人民最显著的精神标识是（　　）。

A. 团结奋斗　　B. 勇于奉献

C. 敢为人先　　D. 不怕牺牲

6. 中国共产党的自身优势是中国特色社会主义制度优势的（　　）。

A. 最重要来源　　B. 唯一来源

C. 可靠来源　　D. 主要来源

7. 历史发展和社会进步的主体力量是（　　）。

A. 人民　　B. 工农联盟

C. 政党　　D. 知识分子

8. 我们党永葆青春活力和战斗力的重要传家宝是（　　）。

A. 群众路线　　B. 解放思想，实事求是

C. 组织路线　　D. 为人民服务

9. 坚持和发展中国特色社会主义的必由之路是（　　）。

A. 全面从严治党　　B. 改革开放

C. 绿色发展　　D. 发展数字经济

10. 对习近平经济思想首次作出概括的是在（　　）。

A. 2016 年 12 月　　B. 2017 年 12 月

C. 2018 年 10 月　　D. 2019 年 10 月

11. 全面建设社会主义现代化国家，关键是（　　）。

A. 人才　　B. 教育

C. 科技　　D. 创新

12. 教育的根本任务是（　　）。

A. 教书育人　　B. 学会做人

C. 培根铸魂　　D. 立德树人

13. 全过程人民民主是社会主义民主政治的本质属性，是（　　）。

A. 最广泛、最真实、最管用的民主

B. 最广泛、最现实、最管用的民主

C. 最基础、最真实、最管用的民主

D. 最广泛、最真实、最基础的民主

14. 实现中华民族伟大复兴的重要法宝是（　　）。

A. 统一战线　　B. 群众路线

C. 政策问题　　D. 理论问题

15. 推进全面依法治国的根本目的是（　　）。

A. 实现国家兴旺发达　　B. 依法保障人民权益

C. 维护社会长治久安　　D. 实现国家有效治理

16. 建设社会主义文化强国、推动社会主义文化繁荣兴盛，关键在于坚定（　　）。

A. 中国特色社会主义文化自信　　B. 中国特色社会主义道路自信

C. 中国特色社会主义制度自信　　D. 中国特色社会主义理论自信

17. 党的十八大报告提出要积极培育和践行社会主义核心价值观，其中从社会层面对社会主义基本理念的凝练表达是（　　）。

A. 富强、民主、文明、和谐　　B. 自由、平等、公正、法治

C. 爱国、敬业、诚信、友善　　D. 创新、包容、开放、进取

18. 保障和改善民生的工作思路是（　　）。

A. 坚守底线、突出重点、完善制度、引导预期

B. 坚守底线、突出重点、加强领导、引导预期

C. 坚守底线、加强领导、完善制度、引导预期

D. 坚守底线、突出重点、完善制度、加强领导

19. “双碳”工作指的是（　　）。

A. 碳达峰碳中和　　B. 碳达峰碳排放

C. 碳排放碳抵消　　D. 碳中和碳抵消

20. 新时代国家安全工作的基本遵循是（　　）。

A. 政治安全　　B. 经济安全

C. 总体国家安全观　　D. 社会安全

21. 构建统筹各领域安全的新安全格局，必须放在首要位置的是（　　）。

A. 维护军事安全　　B. 维护经济安全

C. 维护政治安全　　D. 维护社会安全

22. 在强军目标的科学内涵中，灵魂是（　　）。

A. 听党指挥　　B. 能打胜仗

C. 作风优良　　D. 依法治军

23. 新时代党解决台湾问题的总体方略中，祖国完全统一的实践途径是（　　）。

A. 坚持推动两岸关系和平发展、融合发展

B. 坚持党中央对对台工作的集中统一领导

C. 坚持一个中国原则和“九二共识”

D. 坚持反对外部势力干涉

24. 应对人类共同挑战、建设更加繁荣美好世界的人间正道是（　　）。

A. 推动构建人类命运共同体　　B. 弘扬全人类共同价值

C. 共建“一带一路”　　D. 反对单边主义

25. 党的建设总体布局中，贯穿党的各项建设之中的是（　　）。

A. 思想建设　　B. 制度建设

C. 组织建设　　D. 纪律建设

二、简答题（本大题共5小题，每小题7分，共35分）

26. 简述中国特色社会主义进入新时代的重大意义。

27. 简述推进中国式现代化需要正确处理的重大关系。

28. 为什么说“江山就是人民，人民就是江山”，这是由我们党的性质、宗旨决定的？

29. 简述坚持全面深化改革总目标的内涵及其相互关系。

30. 如何理解人与自然是生命共同体？

三、论述题：本大题共 1 小题，共 15 分。

31. 结合材料回答问题：

中国将高举和平、发展、合作、共赢的旗帜，始终坚持维护世界和平、促进共同发展的外交政策宗旨，坚定不移在和平共处五项原则基础上同各国发展友好合作。必须深化拓展平等、开放、合作的全球伙伴关系，扩大同各国利益的汇合点，不断完善我国全方位、多层次、立体化的外交布局，打造覆盖全球的“朋友圈”。

——摘自《习近平新时代中国特色社会主义思想学习纲要（2023 年版）》，学习出版社、人民出版社，第 272 页。

如何推动构建新型国际关系？

全国高等教育自学考试
习近平新时代中国特色社会主义思想概论
模拟试卷（五）
参考答案

（课程代码 15040）

一、单项选择题（本大题共25小题，每小题2分，共50分）

1. A	2. D	3. D	4. B	5. A	6. D	7. A	8. A	9. B
10. B	11. C	12. D	13. A	14. A	15. B	16. A	17. B	18. A
19. A	20. C	21. C	22. A	23. A	24. A	25. B		

二、简答题（本大题共5小题，每小题7分，共35分）

26. 答：（1）中国特色社会主义进入新时代，意味着近代以来久经磨难的中华民族迎来了从站起来、富起来到强起来的伟大飞跃，迎来了实现中华民族伟大复兴的光明前景。

（2）中国特色社会主义进入新时代，意味着科学社会主义在21世纪的中国焕发出强大生机活力，在世界上高高举起了中国特色社会主义伟大旗帜。

（3）中国特色社会主义进入新时代，意味着中国特色社会主义道路、理论、制度、文化不断发展，拓展了发展中国家走向现代化的途径，给世界上那些希望加快发展又希望保持自身独立性的国家和人民提供了全新选择，为解决人类问题贡献了中国智慧和中国方案。

（4）中国特色社会主义是科学社会主义在当代中国的成功实践，充分表明了社会主义在世界上人口最多的国家成功开辟出通向繁荣昌盛的正确道路，鲜明地展现了社会主义的优越性，标志着世界社会主义正在开拓新的历史征程。

27. 答：推进中国式现代化，需要统筹兼顾、系统谋划、整体推进，正确处理的关系包括：

（1）顶层设计与实践探索的关系；

（2）战略与策略的关系；

（3）守正与创新的关系；

（4）效率与公平的关系；

（4）活力与秩序的关系；

（5）自立自强与对外开放的关系。

28. 答："江山就是人民，人民就是江山"，这是由我们党的性质、宗旨决定的。

（1）马克思、恩格斯在《共产党宣言》中庄严宣告："过去的一切运动都是少数人的，或者为少数人谋利益的运动。无产阶级的运动是绝大多数人的，为绝大多数人谋利益的独立的运动。"不谋私利才能谋根本、谋大利。

（2）中国共产党作为以马克思主义为指导的无产阶级政党，除了国家、民族、人民的利益，没有自己特殊的利益，从来不代表任何利益集团、任何权势团体、任何特权阶层的利益。党代表最广大人民的根本利益，这就要求党必须始终坚持全心全意为人民服务的宗旨。

（3）人民是党执政的最大底气，也是党执政最深厚的根基。中国共产党为人民夺取政权、打下江山不容易，为人民巩固政权、守住江山更不容易。党的执政地位不是一劳永逸、一成不变的，现在拥有不等于永远拥有。我们党要做到长期执政，就必须牢记党的根基在人民、血脉在人民、力量在人民，始终同人民群众想在一起、干在一起，风雨同舟、同甘共苦。

29. 答：（1）全面深化改革总目标是：完善和发展中国特色社会主义制度、推进国家治理体系和治理能力现代化。

（2）这一总目标是一个内涵丰富的有机整体，两句话都讲，才是完整的、全面的。"完善和发展中国特色社会主义制度"，规定了改革的根本方向，就是无论改什么、怎么改，都要坚持中国共产党领导、坚持中国特色社会主义，就是要通过改革推动中国特色社会主义制度更加成熟更加定型、更好发挥中国特色社会主义制度的优越性。“推进国家治理体系和治理能力现代化”，明确了改革的鲜明指向和时代要求，就是要通过改革进一步增强我国制度活力，把制度优势转化为国家治理效能。

30. 答：自然是生命之母，人与自然是生命共同体。

（1）人来源于自然，依赖于自然，在同自然的互动中生产、生活与发展。

（2）当人类友好保护自然时，自然的回报是慷慨的。

（3）当人类粗暴掠夺自然时，自然的惩罚也是无情的。人类对大自然的伤害最终会伤及人类自身，这是无法抗拒的规律。

（4）保护自然就是保护人类，建设生态文明就是造福人类。

三、论述题：本大题共 1 小题，共 15 分。

31. 答：（1）要秉持相互尊重、公平正义、合作共赢原则，坚持在和平共处五项原则的基础上同各国发展友好合作。

（2）推进大国协调合作，构建和平共处、总体稳定、均衡发展的大国关系格局。

（3）坚持亲诚惠容和与邻为善、以邻为伴的周边外交方针，深化同周边国家的友好互信和利益融合。

（4）秉持真实亲诚的理念和正确义利观，加强同发展中国家的团结合作。

（5）秉持求同存异、相互尊重、互学互鉴理念，构建新型政党关系。

全国高等教育自学考试
习近平新时代中国特色社会主义思想概论
模拟试卷（六）

（课程代码　**15040**）

注意事项：

1. 本试卷分为两部分，第一部分为选择题，第二部分为非选择题。

2. 应考者必须按试题顺序在答题卡指定位置上作答，答在试卷上无效。

3. 涂写部分、画图部分必须使用 2B 铅笔，书写部分必须使用黑色字迹签字笔。

第一部分　选择题（50 分）

一、单项选择题：本大题共 25 小题，每小题 2 分，共 50 分。在每小题列出的备选项中只有一项是最符合题目要求的，请将其选出。

1. 中国共产党矢志不渝的奋斗目标是（　　）。

A. 实现中华民族伟大复兴　　B. 实现共同富裕

C. 全面建成小康社会化　　D. 全民小康生活

2. 十三届全国人大一次会议上被郑重载入宪法的党和国家的指导思想是（　　）。

A. 邓小平理论

B. “三个代表”重要思想

C. 科学发展观

D. 习近平新时代中国特色社会主义思想

3. 关系党的事业兴衰成败第一位的问题是（　　）。

A. 思想建设问题　　B. 道路问题

C. 政治方向问题　　D. 理论问题

4. 中国特色社会主义进入新时代是在（　　）。

A. 党的十六大以来　　B. 党的十七大以来

C. 党的十八大以来　　D. 党的十九大以来

5. 一百年来，中国共产党为实现中华民族伟大复兴这个伟大梦想，团结带领中国人民实现的第四个伟大飞跃是（　　）。

A. 实现了一穷二白、人口众多的东方大国大步迈进社会主义社会的伟大飞跃

B. 推进了中华民族从站起来到富起来的伟大飞跃

C. 中华民族迎来了从站起来、富起来到强起来的伟大飞跃

D. 推进了从生产力发展缓慢到生产力高度发展的伟大飞跃

6. 中国人民创造历史伟业的必由之路是（　　）。

A. 团结奋斗　　B. 勇于奉献

C. 敢为人先　　D. 不怕牺牲

7. 获得真知灼见的源头活水，贯彻群众路线的有效途径是（　　）。

A. 坚持走群众路线　　B. 经济建设

C. 构建发展新格局　　D. 调查研究

8. 下列不属于新时代全面深化改革具有的鲜明特点的是（　　）。

A. 全面性　　B. 系统性

C. 整体性　　D. 根本性

9. 我国经济已由高速增长阶段转向（　　）。

A. 快速发展阶段　　B. 稳步发展阶段

C. 高水平发展阶段　　D. 高质量发展阶段

10. 基本经济制度的基础是（　　）。

A. 所有制结构　　B. 生产力状况

C. 生产关系　　D. 社会制度

11. 畅通国内国际双循环、促进我国发展大局的关键是（　　）。

A. 科技自立自强　　B. 全面深化改革

C. 供给侧结构性改革　　D. 建设现代化经济体系

12. 教育、科技、人才是全面建设社会主义现代化国家的基础性、战略性支撑。其中，第一动力指的是（　　）。

A. 人才　　B. 教育

C. 科技　　D. 创新

13. 国家强盛之基、安全之要是（　　）。

A. 人力资源丰富　　B. 经济发达

C. 资源丰富　　D. 科技自立自强

14. 习近平总书记指出：“民主不是装饰品，不是用来做摆设的，而是用来解决人民要解决的问题的。”这说明了（　　）。

A. 全过程人民民主是最广泛的民主

B. 全过程人民民主是最真实的民主

C. 全过程人民民主是最管用的民主

D. 全过程人民民主是最真诚的民主

15. 我国各族人民的生命线是（　　）。

A. 统一战线　　B. 民族团结

C. 人民代表大会制度　　D. 民族区域自治制度

16. 社会主义法律的基本属性是（　　）。

A. 以人民为中心　　B. 以事实为依据，以法律为准绳

C. 平等　　D. 强制性

17. 党的十八大报告指出：“倡导富强、民主、文明、和谐，倡导自由、平等、公正、法治，倡导爱国、敬业、诚信、友善，积极培育和践行社会主义核心价值观。”其中“爱国、敬业、诚信、友善”是（　　）。

A. 从国家层面对社会主义基本理念的凝练

B. 从社会层面对社会主义基本理念的凝练

C. 从家庭层面对社会主义基本理念的凝练

D. 从个人层面对社会主义基本理念的凝练

18. 保障和改善民生的重中之重是（　　）。

A. 满足人民个性化多样化的消费需求

B. 实现科技自立自强

C. 解决温饱问题

D. 解决人民群众最关心最直接最现实的利益问题

19. 人类文明发展的历史趋势是（　　）。

A. 尊重自然　　B. 顺应自然

C. 法治文明　　D. 生态文明

20. 国家安全的根本是（　　）。

A. 军事安全　　B. 经济安全

C. 政治安全　　D. 社会安全

21. 在强军目标的科学内涵中，保证是（　　）。

A. 听党指挥　　B. 能打胜仗

C. 作风优良　　D. 依法治军

22. 新时代党解决台湾问题的总体方略中，祖国完全统一的历史方位是（　　）。

A. 坚持推动两岸关系和平发展、融合发展

B. 坚持在中华民族伟大复兴进程中推进祖国统一

C. 坚持一个中国原则和“九二共识”

D. 坚持反对外部势力干涉

23. 中国特色大国外交的宗旨是（　　）。

A. 坚持主持公道，努力伸张正义

B. 富有中国特色，引领人类发展

C. 弘扬中国精神，凝聚中国力量

D. 维护世界和平，促进共同发展

24. 当代中国共产党人回答和解决关乎人类前途命运的时代之问的中国方案是（　　）。

A. 推动构建人类命运共同体　　B. 弘扬全人类共同价值

C. 共建“一带一路”　　D. 反对单边主义

25. 反腐倡廉的核心是（　　）。

A. 权力制约和监督权力　　B. 制度制约和监督权力

C. 监督权力和制度保障　　D. 依法监督和制度制约

第二部分　非选择题（50 分）

二、简答题（本大题共 5 小题，每小题 7 分，共 35 分）

26. 新时代是什么样的时代?

27. 简述全面深化改革“六个紧紧围绕”的内容。

28. 简述习近平生态文明思想的主要内容。

29. 如何全面推进中国特色大国外交？

30. 怎样坚持标本兼治开展反腐败斗争？

三、论述题：本大题共 1 小题，共 15 分。

31. 结合材料回答问题：

中国共产党根基在人民、血脉在人民、力量在人民。波澜壮阔的中华民族发展史是中国人民书写的，博大精深的中华文明是中国人民创造的，历久弥新的中华民族精神是中国人民培育的，中华民族迎来了从站起来、富起来到强起来的伟大飞跃是中国人民奋斗出来的。必须深刻认识人民群众是历史发展和社会进步的主体力量，紧紧依靠人民创造历史伟业。

——摘自《习近平新时代中国特色社会主义思想学习纲要（2023 年版）》，学习出版社、人民出版社，第 67 页。

为什么说人民是历史的创造者，人民是真正的英雄？

全国高等教育自学考试
习近平新时代中国特色社会主义思想概论
模拟试卷（六）
参考答案

（课程代码　**15040**）

一、单项选择题（本大题共25小题，每小题2分，共50分）

1. A　2. D　3. B　4. C　5. C　6. A　7. D　8. D　9. D
10. A　11. A　12. D　13. D　14. C　15. B　16. C　17. D　18. D
19. D　20. C　21. C　22. B　23. D　24. A　25. B

二、简答题（本大题共5小题，每小题7分，共35分）

26. 答：（1）新时代是承前启后、继往开来、在新的历史条件下继续夺取中国特色社会主义伟大胜利的时代；

（2）新时代是决胜全面建成小康社会、进而全面建设社会主义现代化强国的时代；

（3）新时代是全国各族人民团结奋斗、不断创造美好生活、逐步实现全体人民共同富裕的时代；

（4）新时代是全体中华儿女勠力同心、奋力实现中华民族伟大复兴中国梦的时代；

（5）新时代是我国不断为人类作出更大贡献的时代。

27. 答：（1）紧紧围绕使市场在资源配置中起决定性作用和更好发挥政府作用，深化经济体制改革；

（2）紧紧围绕坚持党的领导、人民当家作主、依法治国有机统一，深化政治体制改革；

（3）紧紧围绕建设社会主义核心价值体系、社会主义文化强国，深化文化体制改革；

（4）紧紧围绕更好保障和改善民生、促进社会公平正义，深化社会体制改革；

（5）紧紧围绕建设美丽中国，深化生态文明体制改革；

（6）紧紧围绕提高科学执政、民主执政、依法执政水平，深化党的建设制度改革。

28. 答：

习近平生态文明思想的主要内容集中体现为“十个坚持”：

（1）坚持党对生态文明建设的全面领导；

（2）坚持生态兴则文明兴；

（3）坚持人与自然和谐共生；

（4）坚持绿水青山就是金山银山；

（5）坚持良好生态环境是最普惠的民生福祉；

（6）坚持绿色发展是发展观的深刻革命；

（7）坚持统筹山水林田湖草沙系统治理；

（8）坚持用最严格制度最严密法治保护生态环境；

（9）坚持把建设美丽中国转化为全体人民自觉行动；

（10）坚持共谋全球生态文明建设之路。

29. 答：（1）坚持走和平发展道路。要坚定奉行独立自主的和平外交政策，既要通过维护世界和平发展自己，又要通过自身发展维护世界和平。

（2）推动构建新型国际关系。要秉持相互尊重、公平正义、合作共赢的原则，坚持在和平共处五项原则的基础上同各国发展友好合作。

（3）坚决维护国家主权、安全、发展利益。维护国家主权、安全、发展利益是我国对外工作的出发点和落脚点，是中国外交的神圣使命。

（4）坚持外交为民。要坚定维护我国海外公民和法人的正当权益，同时积极开展民间外交，深化交流合作。

30. 答：标本兼治是新时代推进反腐败斗争的鲜明特征，既以治标遏制腐败势头，更注重治本夯实防腐的基础。以习近平同志为核心的党中央坚持反腐败无禁区、全覆盖、零容忍，以雷霆之势、霹雳手段惩治腐败，对权力进行制约和监督，持续形成强大威慑，成功走出一条依靠制度优势、法治优势反腐败之路。

（1）构建起党全面领导的反腐败工作格局。

（2）"打虎""拍蝇""猎狐"多管齐下。

（3）把权力关进制度的笼子里。

三、论述题（本大题共 1 小题，共 15 分）

31. 答：（1）人民是创造历史的真正动力，是历史发展和社会进步的主体力量。坚持以人民为中心，体现了历史唯物主义基本原理，是我们党总结历史经验、把握历史规律得出的重要结论。

（2）如何认识人民群众在历史上的作用，是社会历史观的重大问题。历史唯物主义群众史观认为，人民是历史的创造者，在创造历史中起决定性作用，第一次彻底解决了这个重大问题。

（3）人民群众是社会物质财富的创造者，不仅创造了人们吃穿住行等必需的生活资料，也创造了人们进行生产和再生产活动的生产资料。

（4）人民群众是社会精神财富的创造者，一切精神财富得以产生的最终源泉都植根于人民群众的实践活动，离开了人民群众的生产实践和生活实践，任何精神创造都必然会成为无源之水、无本之木。

（5）人民群众是社会变革的决定力量，历史上一切生产关系的深刻变革、社会制度的兴亡更替，都是人民群众推动的，最终决定于人民群众的力量。

（6）尊重人民历史地位，充分发挥人民主体作用，这是总结党的百年奋斗历史经验得出的重要结论。

实践证明，始终同人民在一起，为人民利益而奋斗，紧紧依靠人民创造历史伟业，是我们党立于不败之地、从胜利走向胜利的根本原因。

全国高等教育自学考试
习近平新时代中国特色社会主义思想概论
模拟试卷（七）

（课程代码　**15040**）

注意事项：

1. 本试卷分为两部分，第一部分为选择题，第二部分为非选择题。

2. 应考者必须按试题顺序在答题卡指定位置上作答，答在试卷上无效。

3. 涂写部分、画图部分必须使用 2B 铅笔，书写部分必须使用黑色字迹签字笔。

第一部分　选择题（50 分）

一、单项选择题： 本大题共 25 小题，每小题 2 分，共 50 分。在每小题列出的备选项中只有一项是最符合题目要求的，请将其选出。

1. 决定中国必然走适合自己特点的现代化道路的是（　　）。

A. 独特的文化传统、独特的历史命运、独特的基本国情

B. 独特的文化传统、独特的历史命运、独特的民族特色

C. 独特的历史命运、独特的民族特色、独特的基本国情

D. 独特的历史命运、独特的基本国情、独特的社会制度

2. 新时代党和国家事业发展的根本遵循是（　　）。

A. “一个中心，两个基本点”

B. 习近平新时代中国特色社会主义思想

C. 科学发展观

D. 党的领导

3. 关系党的事业兴衰成败第一位的问题是（　　）。

A. 思想建设问题　　B. 道路问题

C. 政治方向问题　　D. 理论问题

4. 党和人民100多年奋斗、创造、积累的根本成就是（　　）。

A. 中国特色社会主义道路、理论、制度、政策

B. 中国特色社会主义道路、理论、方向、文化

C. 中国特色社会主义方向、理论、制度、文化

D. 中国特色社会主义道路、理论、制度、文化

5. 中国梦的本质是（　　）。

A. 国家富强、民族振兴、人民幸福

B. 经济发展、文化繁荣、社会和谐

C. 产业兴旺、生态宜居、治理有效

D. 生活富裕、科技发达、安定团结

6. 中国共产党领导人民长期探索和实践的重大成果是（　　）。

A. 美丽中国　　B. 中国特色社会主义

C. 全面建成小康社会　　D. 中国式现代化

7. 人民性是马克思主义的（　　）。

A. 基本特点　　B. 时代特征

C. 本质属性和鲜明品格　　D. 重要内容

8. 进入新时代，我国社会主要矛盾发生了转化，人民的美好生活需要呈现出的特点是（　　）。

A. 多样化、多角度、多方面　　B. 多角度、多层次、多方面

C. 多样化、多层次、多方面　　D. 多样化、多层次、多要求

9. 完成新时代目标任务的必然要求是（　　）。

A. 全面从严治党　　B. 全面依法治国

C. 全面建成小康社会　　D. 全面深化改革开放

10. 新时代我国发展壮大的必由之路是（　　）。

A. 贯彻新发展理念　　B. 供给侧结构性改革

C. 立足新发展阶段　　D. 构建新发展格局

11. 决定分配方式和资源配置方式的是（　　）。

A. 所有制结构　　B. 生产力状况

C. 生产关系　　D. 社会制度

12. 把握未来发展主动权的“先手棋”是（　　）。

A. 立足新发展阶段　　B. 贯彻新发展理念

C. 构建新发展格局　　D. 实现新时代发展

13. 全面建设社会主义现代化国家，根本是（　　）。

A. 人才　　B. 教育

C. 科技　　D. 创新

14. 发展教育的根本尺度是（　　）。

A. 快速发展　　B. 人民满意

C. 科技水平　　D. 群众放心

15. “人民的事人民管，人民的事人民办”，这说明了（　　）。

A. 全过程人民民主是最广泛的民主

B. 全过程人民民主是最真实的民主

C. 全过程人民民主是最管用的民主

D. 全过程人民民主是最真诚的民主

16. 凝聚人心、汇聚力量的强大法宝是（　　）。

A. 统一战线　　B. 群众路线

C. 政策问题　　D. 理论问题

17. 全面推进依法治国必须有一个总揽全局、牵引各方的总抓手，这个总抓手就是（　　）。

A. 建设中国特色社会主义法律制度

B. 建设中国特色社会主义法律体系

C. 建设中国特色社会主义法治理论

D. 建设中国特色社会主义法治体系

18. 中国共产党人精神谱系的源头是（　　）。

A. 伟大建党精神　　B. 井冈山精神

C. 长征精神　　D. 延安精神

19. 下列不属于社会主义家庭文明新风尚的是（　　）。

A. 爱国爱家　　B. 相亲相爱

C. 共建共享　　D. 扶危济困

20. 解决民生问题的“总钥匙”是（　　）。

A. 人才　　B. 科技

C. 发展　　D. 教育

21. 下列不属于全面建设社会主义现代化国家的内在要求的是（　　）。

A. 尊重自然　　B. 顺应自然

C. 保护自然　　D. 开发自然

22. 总体国家安全观的关键是（　　）。

A. 发展　　B. 总体

C. 安全　　D. 预防

23. 在强军目标的科学内涵中，反映军队的根本职能和军队建设的根本指向的是（　　）。

A. 听党指挥　　B. 能打胜仗

C. 作风优良　　D. 依法治军

24. 新时代党解决台湾问题的总体方略中，祖国完全统一的根本动力是（　　）。

A. 坚持推动两岸关系和平发展、融合发展

B. 坚持决不承诺放弃使用武力

C. 坚持一个中国原则和“九二共识”

D. 坚持团结台湾同胞、争取台湾民心

25. 党永葆生机活力、走好新的赶考之路的必由之路是（　　）。

A. 全面从严治党　　B. 自我革命

C. 为人民服务　　D. 不忘初心，牢记使命

第二部分　非选择题（50 分）

二、简答题（本大题共 5 小题，每小题 7 分，共 35 分）

26. 依靠人民创造历史伟业，应如何尊重人民首创精神？

27. 全面深化改革开放为何要坚持正确方法论？

28. 如何打赢关键核心技术攻坚战？

29. 为什么说人民民主是社会主义的生命?

30. 如何坚持马克思主义在意识形态领域指导地位的根本制度?

三、论述题（本大题共 1 小题，共 15 分）

31. 结合材料回答问题：

核心价值观是一个民族赖以维系的精神纽带，是一个国家共同的思想道德基础。如果没有共同的核心价值观，一个民族、一个国家就会魂无定所、行无依归。能否构建具有强大感召力的核心价值观，关系社会和谐稳定，关系国家长治久安。

——摘自《习近平新时代中国特色社会主义思想学习纲要（2023 年版）》，学习出版社、人民出版社，第 190 页。

如何广泛践行社会主义核心价值观?

全国高等教育自学考试
习近平新时代中国特色社会主义思想概论
模拟试卷（七）
参考答案

（课程代码 **15040**）

一、单项选择题（本大题共25小题，每小题2分，共50分）

1. A 2. B 3. B 4. D 5. A 6. D 7. C 8. C 9. D
10. A 11. A 12. B 13. B 14. B 15. B 16. A 17. D 18. A
19. D 20. C 21. D 22. B 23. B 24. D 25. A

二、简答题（本大题共5小题，每小题7分，共35分）

26. 答：（1）我们党历来尊重人民首创精神，始终把人民群众作为智慧和力量的源泉，始终把政治智慧的增长、执政本领的增强深深扎根于人民的创造性实践之中。

（2）正是因为我们党紧紧依靠人民推动国家发展，充分尊重人民首创精神，最大限度地激发人民的创造热情，我们的事业才能不断保持与时俱进的活力。

（3）尊重人民首创精神，就要尊重实践、尊重创造，坚持顶层设计和基层探索相统一，大胆探索、勇于开拓，鼓励创新、宽容失败。

（4）尊重人民首创精神，就要激发人民群众的创新创造活力，营造激励干事创业的浓厚氛围，健全创新的激励机制，打破阻碍创新的壁垒，把蕴藏于人民群众中的无穷创造力焕发出来。

（5）尊重人民首创精神，就要及时发现、总结、概括人民群众实践中形成的新鲜经验，使之上升为理论和政策，更好指导中国特色社会主义实践。

27. 答：全面深化改革开放是一个复杂系统工程，正确的方法对于改革顺利推进、取得成功至关重要。

（1）增强全面深化改革的系统性、整体性、协同性。

（2）加强顶层设计和摸着石头过河相结合。

（3）统筹改革发展稳定。

（4）胆子要大，步子要稳。

（5）坚持重大改革于法有据。

28. 答：（1）关键核心技术必须掌握在自己手中。

（2）打赢关键核心技术攻坚战，必须深入推进科技体制改革。

（3）发挥新型举国体制优势开展科技攻关。

29. 答：（1）民主是全人类共同价值，是人类政治文明发展的成果。

（2）民主是中国共产党和中国人民始终不渝坚持的重要理念。

（3）人民民主建立在社会主义经济基础之上，体现了社会主义国家的性质，反映了社会主义制度的本质要求，是一种新型的社会主义民主。

（4）人民民主是全面建设社会主义现代化国家的应有之义。

历史和实践证明，人民民主是社会主义的生命，没有民主就没有社会主义，就没有社会主义的现代化，就没有中华民族伟大复兴。社会主义愈发展，民主也愈发展。在全面建设社会主义现代化国家新征程上，要继续高举人民民主旗帜，坚定不移走适合中国国情的政治发展道路，为中国式民主发展不断注入新的动力。

30. 答：马克思主义是我们立党立国、兴党兴国的根本指导思想。坚持马克思主义在意识形态领域指导地位的制度是中国特色社会主义制度体系的一项根本制度，是坚持和加强党对宣传思想文化工作全面领导的本质要求，是发展社会主义先进文化的有力保障。

（1）坚持马克思主义在意识形态领域指导地位的根本制度是历史的结论。我们党将坚持马克思主义在意识形态领域的指导地位明确为一项根本制度，这是关系党和国家事业长远发展、关系我国文化前进方向和发展道路的重大制度创新。

（2）坚持马克思主义在意识形态领域指导地位的根本制度，是坚持和巩固我国社会主义制度、保证我国文化建设正确方向的必然要求。

（3）党的十八大以来，以习近平同志为核心的党中央将意识形态工作作为党的一项极端重要的工作，就意识形态领域许多方向性、战略性问题作出部署，正本清源、守正创新，着力解决意识形态领域党的领导弱化问题，使我国意识形态领域形势发生了全局性、根本性转变。新时代新征程，坚持马克思主义在意识形态领域指导地位的根本制度，必须牢牢掌握党对意识形态工作领导权，坚持以立为本、立破并举，提高政治自觉，把意识形态阵地建设和管理工作摆在重要位置，全面落实意识形态工作责任制，压紧压实做好意识形态工作的政治责任。要切实把坚持以马克思主义为指导体现到理论武装、舆论引导、思想道德建设、文化文艺等各方面，使全体人民在理想信念、价值理念、道德观念上紧紧团结在一起。

三、论述题（本大题共 1 小题，共 15 分）

31. 答：（1）社会主义核心价值观集中体现着全体人民共同的价值追求，是凝聚人心、汇聚民力的强大力量。要广泛学习、宣传和实践社会主义核心价值观，注重全方位贯穿、深层次融入，使践行社会主义核心价值观成为全体人民自觉行动。

（2）核心价值观，承载着一个民族、一个国家的精神追求，体现着一个社会评判是非曲直的价值标准。以富强、民主、文明、和谐，自由、平等、公正、法治，爱国、敬业、诚信、友善为基本内容的社会主义核心价值观，把涉及国家、社会、公民的价值要求融为一体，回答了我们要建设什么样的国家、建设什么样的社会、培育什么样的公民的重大问题。

（3）社会主义核心价值观只有成为广泛的社会共识，内化为人们的精神追求，外化为人们的自觉行动，才能真正在社会生活中发挥作用。

（4）社会主义核心价值观建设，要注重区分层次、突出重点，抓好重点人群。

全国高等教育自学考试
习近平新时代中国特色社会主义思想概论
模拟试卷（八）

（课程代码　15040）

注意事项：

1. 本试卷分为两部分，第一部分为选择题，第二部分为非选择题。

2. 应考者必须按试题顺序在答题卡指定位置上作答，答在试卷上无效。

3. 涂写部分、画图部分必须使用 2B 铅笔，书写部分必须使用黑色字迹签字笔。

第一部分　选择题（50 分）

一、单项选择题：本大题共 25 小题，每小题 2 分，共 50 分。在每小题列出的备选项中只有一项是最符合题目要求的，请将其选出。

1. 振兴世界社会主义的中流砥柱是（　　）。

A. 其他社会主义　　B. 中国特色社会主义

C. 社会主义　　D. 共产主义

2. 一致同意将习近平新时代中国特色社会主义思想写入党章的大会是（　　）。

A. 党的十六大　　B. 党的十七大

C. 党的十八大　　D. 党的十九大

3. 人类自我解放的伟大觉醒是（　　）。

A. 科学社会主义　　B. 中国特色社会主义

C. 社会主义　　D. 共产主义

4. “五位一体”总体布局包括（　　）。

A. 经济建设、政治建设、文化建设、社会建设和生态文明建设

B. 经济建设、政治建设、理论建设、法治建设和生态文明建设

C. 经济建设、政治建设、文化建设、法治建设和生态文明建设

D. 经济建设、政治建设、理论建设、社会建设和生态文明建设

5. 现代化建设的出发点和落脚点是（　　）。

A. 实现共同富裕　　B. 实现人民对美好生活的向往

C. 实现共享发展　　D. 实现绿色发展

6. 中国特色社会主义事业的坚强领导核心是（　　）。

A. 中国共产党　　B. 中国农民阶级

C. 知识分子　　D. 新的社会阶层

7. 我国的根本领导制度是（　　）。

A. 人民代表大会制度

B. 基层民主制度

C. 中国共产党领导的多党合作和政治协商制度

D. 党的领导制度

8. 人民性是马克思主义的（　　）。

A. 基本特点　　B. 时代特征

C. 本质属性和鲜明品格　　D. 重要内容

9. 全面深化改革总目标是（　　）。

A. 完善和发展中国特色社会主义制度

B. 推进国家治理体系和治理能力现代化

C. 完善和发展中国特色社会主义制度、推进国家治理体系和治理能力现代化

D. 全面建成小康社会

10. 引领发展的第一动力是（　　）。

A. 改革　　B. 发展

C. 创新　　D. 稳定

11. 非公有制经济的主要经济组织形式是（　　）。

A. 混合所有制经济　　B. 国营经济

C. 外资经济　　D. 民营经济

12. 全面建设社会主义现代化国家，基础是（　　）。

A. 人才　　B. 教育

C. 科技　　D. 创新

13. 各级各类教育的生命线是（　　）。

A. 社会发展　　B. 人才强国

C. 供给侧结构性改革　　D. 高质量发展

14. 我国宪法规定“国家的一切权利属于人民”，这说明了（　　）。

A. 全过程人民民主是最广泛的民主

B. 全过程人民民主是最真实的民主

C. 全过程人民民主是最管用的民主

D. 全过程人民民主是最真诚的民主

15. 统一战线最核心最根本的问题是（　　）。

A. 坚持党的领导　　B. 路线

C. 坚持人民民主专政　　D. 思想

16. 文化自信是一个国家，一个民族发展中（　　）。

A. 最基本、最深沉、最持久的力量

B. 最基本、最重要、最持久的力量

C. 最重要、最深沉、最持久的力量

D. 最基本、最深沉、最含蓄的力量

17. 下列不属于伟大建党精神的是（　　）。

A. 不负人民　　B. 坚持真理

C. 担当使命　　D. 团结奋斗

18. 坚持立党为公、执政为民的本质要求是（　　）。

A. 增进民生福祉　　B. 建设生态文明

C. 实现共同富裕　　D. 促进社会公平

19. 新时代中国的鲜明底色是（　　）。

A. 红色　　B. 紫色

C. 黄色　　D. 绿色

20. 总体国家安全观中，放在最重要的位置的是（　　）。

A. 保护政治安全　　B. 保护经济安全

C. 保护人民安全　　D. 保护社会安全

21. 在国防和军队现代化新“三步走”战略安排中，力争基本实现国防和军队现代化的是在（　　）。

A. 2020 年　　B. 2025 年

C. 2035 年　　D. 2040 年

22. 新时代党解决台湾问题的总体方略中，祖国完全统一的外部条件是（　　）。

A. 坚持推动两岸关系和平发展、融合发展

B. 坚持党中央对对台工作的集中统一领导

C. 坚持一个中国原则和“九二共识”

D. 坚持反对外部势力干涉

23. 2015 年 9 月，习近平在出席第七十届联合国大会一般性辩论时明确指出，联合国的崇高目标是（　　）。

A. 和平、发展、公平、正义、民主、自由

B. 和平、发展、公平、绿色、民主、自由

C. 和平、发展、公平、平等、民主、自由

D. 和平、发展、平等、正义、民主、自由

24. 新时代好干部的标准是（　　）。

A. 信念坚定、为民服务、勤政务实、敢于担当、清正廉洁

B. 意志坚定、政治合格、勤政务实、敢于担当、清正廉洁

C. 信念坚定、为民服务、作风正派、乐于奉献、清正廉洁

D. 立场坚定、乐于奉献、勤政务实、敢于担当、清正廉洁

25. 关系人心向背，关系党的生死存亡的是（　　）。

A. 廉政教育　　　　B. 党的作风

C. 党的思想建设　　　　D. 党的组织建设

第二部分　非选择题（50 分）

二、简答题（本大题共 5 小题，每小题 7 分，共 35 分）

26. 深刻领悟“两个确立”的决定性意义。

27. 深刻领悟加强党的全面领导为新时代党和国家事业发展提供了坚强保证。

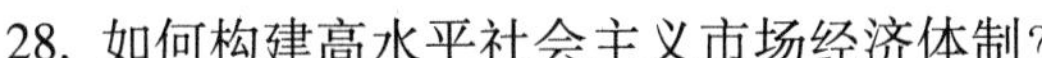

28. 如何构建高水平社会主义市场经济体制？

29. 如何加强和促进海内外中华儿女大团结？

30. 简述法治中国建设的工作布局。

三、论述题（本大题共 1 小题，共 15 分）

31. 结合材料回答问题：

人类命运共同体，顾名思义，就是每个民族、每个国家的前途命运都紧紧联系在一起，应该风雨同舟，荣辱与共，努力把我们生于斯、长于斯的这个星球建成一个和睦的大家庭，把世界各国人民对美好生活的向往变成现实。推动构建人类命运共同体，不是以一种制度代替另一种制度，不是以一种文明代替另一种文明，而是不同社会制度、不同意识形态、不同历史文化、不同发展水平的国家在国际事务中利益共生、权利共享、责任共担，形成共建美好世界的最大公约数。

——摘自《习近平新时代中国特色社会主义思想学习纲要（2023 年版）》，学习出版社、人民出版社，第 268-269 页。

为什么说构建人类命运共同体是世界各国人民前途所在?

全国高等教育自学考试
习近平新时代中国特色社会主义思想概论
模拟试卷（八）
参考答案
（课程代码　15040）

一、单项选择题（本大题共25小题，每小题2分，共50分）

1. B	2. D	3. A	4. A	5. B	6. A	7. D	8. C	9. C
10. C	11. D	12. A	13. D	14. A	15. A	16. A	17. D	18. A
19. D	20. C	21. C	22. D	23. A	24. A	25. B		

二、简答题（本大题共5小题，每小题7分，共35分）

26. 答：（1）党的十八大以来，以习近平同志为核心的党中央统筹中华民族伟大复兴战略全局和世界百年未有之大变局，团结带领全党全军全国各族人民全面贯彻党的基本理论、基本路线、基本方略，采取一系列战略性举措，推进一系列变革性实践，实现一系列突破性进展，取得一系列标志性成果，经受住了来自政治、经济、意识形态、自然界等方面的风险挑战考验，党和国家事业取得历史性成就、发生历史性变革，推动我国迈上全面建设社会主义现代化国家新征程。

（2）新时代的伟大变革，是在以习近平同志为核心的党中央坚强领导下、在习近平新时代中国特色社会主义思想指引下全党全军全国各族人民团结奋斗取得的。在新时代伟大征程中，习近平作为党、国家和军队的最高领导人，在风云变幻中举旗定向、掌舵领航，在大战大考中指挥若定、运筹帷幄，在惊涛骇浪中力挽狂澜、砥柱中流，赢得了全党全军全国各族人民衷心拥护，受到了国际社会高度赞誉；习近平新时代中国特色社会主义思想，植根于新时代坚持和发展中国特色社会主义的伟大实践，坚持理论指导和实践探索相统一，在指导实践、推动实践中展现出巨大真理力量和独特思想魅力，是经过实践检验、富有实践伟力的强大思想武器。

（3）新时代的伟大实践充分证明，“两个确立”是新时代党和国家事业取得历史性成就、发生历史性变革的决定性因素，是党和人民应对一切不确定性的最大确定性、最大底气、最大保证。“两个确立”已经写在了新时代的伟大征程上、写在了全党全军全国各族人民的心坎上，必须倍加珍惜、坚定维护、长期坚持。

27. 答：党的十八大以来，以习近平同志为核心的党中央坚持和加强党的全面领导，全党全国各族人民对坚持党的领导的认识不断深化，党的领导制度体系更加健全，党在应对各种风险挑战中发挥了中流砥柱的作用，为党和国家事业取得历史性成就、发生历史性变革提供了根本保证。

（1）坚持和加强党的全面领导，使党的领导核心作用充分彰显。

（2）坚持和加强党的全面领导，使党的政治领导力、思想引领力、群众组织力、社会号召力显著增强。

（3）坚持和加强党的全面领导，为推进新时代中国特色社会主义事业提供了政治保证，使党成为风雨来袭时中国人民最可靠的主心骨。

28. 答：发展社会主义市场经济是我们党的一个伟大创造。把社会主义制度和市场经济有机结合起来，既发挥了市场经济的长处，又发挥了社会主义制度的优越性。党的二十大着眼全面建设社会主义现代化国家目标任务，坚持社会主义市场经济改革方向，作出构建高水平社会主义市场经济体制的战略部署。

（1）构建高水平社会主义市场经济体制，关键是要处理好政府和市场的关系。

（2）加快建设高标准市场体系。

（3）推进宏观经济治理体系和治理能力现代化。宏观调控是党和国家治理经济的重要方式，体现了中国特色社会主义制度的独特优势。

（4）依法规范和引导资本健康发展，在社会主义市场经济体制下，资本是带动各类生产要素集聚配置的重要纽带。同时，资本具有逐利本性，不加以规范和约束，就会给经济社会发展带来危害。

29. 答：促进中华儿女大团结，是新时代爱国统一战线的历史责任。

（1）加强和促进海内外中华儿女大团结，要高举爱国主义、社会主义旗帜。

（2）加强和促进海内外中华儿女大团结，要抓好重点领域统战工作。

（3）加强和促进海内外中华儿女大团结，要辩证把握好四方面关系。一是把握好固守圆心和扩大共识的关系，二是把握好潜绩和显绩的关系，三是把握好原则性和灵活性的关系，四是把握好团结和斗争的关系，

30. 答：加快建设法治中国，必须坚持统筹兼顾、把握重点、整体谋划，更加注重系统性、整体性、协同性。

（1）坚持依法治国、依法执政、依法行政共同推进。依法治国是党领导人民治理国家的基本方式，依法执政是新的历史条件下我们党执政的基本方式，依法行政是法治状态下政府行为的基本原则和基本方式。

（2）坚持法治国家、法治政府、法治社会一体建设。法治国家是法治建设的目标。法治政府建设是全面依法治国的重点任务和主体工程。法治社会是构筑法治国家的基础。

（3）坚持统筹推进国内法治和涉外法治。国内法治和涉外法治是法治中国建设的重要方面。

三、论述题（本大题共 1 小题，共 15 分）

31. 答：人类只有一个地球，各国共处一个世界。习近平指出："人类生活在同一个地球村里，生活在历史和现实交汇的同一个时空里，越来越成为你中有我、我中有你的命运共同体。"世界各国要顺应时代发展潮流，作出正确选择，齐心协力应对挑战，开展全球性协作，构建人类命运共同体。

（1）构建人类命运共同体是我们党审视当今世界发展趋势、针对当今世界面临的重大问题提出的重要理念。

（2）人类命运共同体，顾名思义，就是每个民族、每个国家的前途命运都紧紧联系在一起，应该风雨同舟、荣辱与共，努力把我们生于斯、长于斯的这个星球建成一个和睦的大家庭，把世界各国人民对美好生活的向往变成现实。

（3）构建人类命运共同体理念顺应了历史潮流，回应了时代要求，凝聚了各

国共识，为人类社会实现共同发展、持续繁荣、长治久安绘制了蓝图，对中国的和平发展、世界的繁荣进步都具有重大而深远的意义。世界命运握在各国人民手中，人类前途系于各国人民的抉择。中国人民同世界各国人民一起，在构建人类命运共同体这条人间正道上携手前行，共同创造更加繁荣美好的世界。

全国高等教育自学考试
习近平新时代中国特色社会主义思想概论
模拟试卷（九）

（课程代码　**15040**）

注意事项：

1. 本试卷分为两部分，第一部分为选择题，第二部分为非选择题。

2. 应考者必须按试题顺序在答题卡指定位置上作答，答在试卷上无效。

3. 涂写部分、画图部分必须使用2B铅笔，书写部分必须使用黑色字迹签字笔。

第一部分　选择题（50分）

一、单项选择题： 本大题共25小题，每小题2分，共50分。在每小题列出的备选项中只有一项是最符合题目要求的，请将其选出。

1. 习近平新时代中国特色社会主义思想是“两个结合”的重要成果，其中“第二个结合”指的是（　　）。

A. 马克思主义基本原理同中国具体实际相结合

B. 马克思主义基本原理同中华优秀传统文化相结合

C. 马克思主义基本原理同中国综合国力相结合

D. 马克思主义基本原理同中华传统文化相结合

2. 新时代坚持和发展中国特色社会主义的基本方略是（　　）。

A.“五位一体”　　　　B.“十个明确”

C. “十四个坚持”　　D. “四个全面”

3. 作为全党全国人民为实现中华民族伟大复兴而奋斗的行动指南，被写进2017年党的十九通过的党章的是（　　）。

A. 邓小平理论

B. “三个代表”重要思想

C. 科学发展观

D. 习近平新时代中国特色社会主义思想

4. 我国发展新的历史方位是（　　）。

A. 社会主义　　B. 社会主义初级阶段

C. 中国特色社会主义新时代　　D. 中国特色社会主义

5. 事关党的前途命运，事关中国特色社会主义事业兴衰成败的是（　　）。

A. 党的基本理论、基本路线、基本方略

B. 党的基本理论、基本路线、基本策略

C. 党的基本理论、基本政策、基本方略

D. 党的基本策略、基本理论、基本方法

6. 中国人民和中华民族最伟大的梦想是（　　）。

A. 实现中华民族伟大复兴　　B. 全面建成小康社会

C. 打赢脱贫攻坚战　　D. 全面建成社会主义现代化强国

7. 我国社会主义现代化进程中的一座里程碑是（　　）。

A. 实现中华民族伟大复兴　　B. 全面建成小康社会

C. 打赢脱贫攻坚战　　D. 全面建成社会主义现代化强国

8. 中国共产党领导人民长期探索和实践的重大成果是（　　）。

A. 美丽中国　　B. 中国特色社会主义

C. 全面建成小康社会　　D. 中国式现代化

9. 新时代坚持和发展中国特色社会主义的根本立场是（　　）。

A. 坚持人民当家作主　　B. 坚持中国共产党领导

C. 坚持以人民为中心　　D. 坚持社会主义基本制度

10. 下列不属于作为检验工作的最终评判标准的是（　　）。

A. 把人民放在心中最高位置　　B. 树立正确的政绩观

C. 人民满意不满意　　D. 人民生活幸福程度

11. 社会主义改革开放的出发点和落脚点是（　　）。

A. 为了更好实现和维护人民利益、为了让老百姓过上好日子

B. 满足人民群众对美好生活的新期待

C. 实现好、维护好、发展好最广大人民根本利益

D. 实现最广大人民根本利益

12. 下列不属于“三期叠加”阶段的是（　　）。

A. 增长速度换挡期　　B. 结构调整阵痛期

C. 前期刺激政策消化期　　D. 发展攻坚筹备期

13. 推进中国式现代化的生力军是（　　）。

A. 混合所有制经济　　B. 国营经济

C. 外资经济　　D. 民营经济

14. 人才强国战略，就是要牢固树立（　　）。

A. 信息资源是第一资源的理念

B. 科技资源是第一资源的理念

C. 教育资源是第一资源的理念

D. 人才资源是第一资源的理念

15. 国家强盛之基、安全之要是（　　）。

A. 科技自立自强　　B. 社会进步发展

C. 教育强国战略　　D. 人才强国战略

16. 铸牢中华民族共同体意识，就是要引导各族人民牢固树立（　　）。

A. 休戚与共、荣辱与共、生死与共、命运与共的共同体理念

B. 休戚与共、荣辱与共、利益与共、命运与共的共同体理念

C. 休戚与共、荣辱与共、生死与共、利益与共的共同体理念

D. 盛衰与共、利益与共、生死与共、命运与共的共同体理念

17. 下列属于全面推进依法治国的总目标的是（　　）。

A. 坚持依法行政、依法执政

B. 建设中国特色社会主义法治国家

C. 建设中国特色社会主义法治政府

D. 建设中国特色社会主义法治体系

18. “四个自信”中更基础、更广泛、更深厚的自信是（　　）。

A. 制度自信　　B. 道路自信

C. 理论自信　　D. 文化自信

19. 下列属于改革开放和社会主义现代化建设新时期伟大精神的是（　　）。

A. 特区精神　　B. 抗疫精神

C. 探月精神　　D. 焦裕禄精神

20. 繁荣发展文化事业和文化产业，是满足人民精神文化需求、保障人民文化权益的（　　）。

A. 唯一途径　　B. 基本途径

C. 重要途径　　D. 必要途径

21. 民生之源是（　　）。

A. 收入分配　　B. 充分就业

C. 社会保险　　D. 住房保障

22. 新时代中国的鲜明底色是（　　）。

A. 红色　　B. 紫色

C. 黄色　　D. 绿色

23. 立国之基是（　　）。

A. 政治安全　　B. 经济安全

C. 人民安全　　D. 国土安全

24. 在国防和军队现代化新“三步走”战略安排中，2035 年所要实现的目标是（　　）。

A. 基本实现机械化　　B. 信息化建设取得重大进展

C. 全面建成世界一流军队　　D. 基本实现国防和军队现代化

25. 新时代党解决台湾问题的总体方略中，祖国完全统一的战略支撑是（　　）。

A. 坚持推动两岸关系和平发展、融合发展

B. 坚持决不承诺放弃使用武力

C. 坚持一个中国原则和“九二共识”

D. 坚持反对外部势力干涉

第二部分　非选择题（50分）

二、简答题（本大题共5小题，每小题7分，共35分）

26. 怎样理解中华民族伟大复兴进入不可逆转的历史进程？

27. 为什么说民生是人民幸福之基？

28. 如何加快形成绿色生产方式和生活方式？

29. 简述全球发展倡议的内容。

30. 如何贯彻新时代党的组织路线？

三、论述题（本大题共 1 小题，共 15 分）

31. 结合材料回答问题：

中华优秀传统文化是中华文明的智慧结晶和精华所在，是中华民族的根和魂，是我们在世界文化激荡中站稳脚跟的根基。习近平总书记指出，如果没有中华五千年文明，哪里有什么中国特色？如果不是中国特色，哪有我们今天这么成功的中国特色社会主义道路？必须结合新的时代条件传承和弘扬中华优秀传统文化，让中华文化展现出永久魅力和时代风采。

——摘自《习近平新时代中国特色社会主义思想学习纲要（2023 年版）》，学习出版社、人民出版社，第 192 页。

如何传承发展中华优秀传统文化？

全国高等教育自学考试
习近平新时代中国特色社会主义思想概论
模拟试卷（九）
参考答案

（课程代码　15040）

一、单项选择题（本大题共25小题，每小题2分，共50分）

1. B　2. C　3. D　4. C　5. A　6. A　7. B　8. D　9. C

10. D　11. A　12. D　13. D　14. D　15. A　16. A　17. D　18. D

19. A　20. B　21. A　22. D　23. D　24. D　25. B

二、简答题（本大题共5小题，每小题7分，共35分）

26. 答：中华民族伟大复兴进入关键时期。实现中华民族伟大复兴是近代以来中国人民的共同梦想，是中国共产党矢志不渝的奋斗目标。在新中国成立特别是改革开放以来取得重大成就的基础上，我国发展站在了新的历史起点上，社会主要矛盾发生历史性变化，我们具备过去难以想象的良好发展条件，也面临着许多前所未有的困难和问题，战略机遇和风险挑战并存、不确定难预料因素增多。在这个船到中流浪更急、人到半山路更陡的关键时刻，以习近平同志为核心的党中央深刻把握中华民族伟大复兴战略全局，牢牢立足社会主义初级阶段这个基本国情、最大实际，团结带领全党全国各族人民推进新时代伟大变革，如期全面建成小康社会，推动我国迈上全面建设社会主义现代化国家新征程。习近平新时代中国特色社会主义思想，正是在中华民族迎来从站起来、富起来到强起来的伟大飞跃，实现中华民族伟大复兴进入不可逆转的历史进程中创立并不断丰富发展的。

27. 答："治国有常，利民为本。"民生是老百姓最关心的问题，涉及分配、就业、教育、医疗、住房、社会保障等方面。随着经济社会的发展进步，人民生活品质的不断提高，民生内涵也在不断丰富。民生事关人民的生存生活生计，事关民心所向、民情所系、民意所指，决定党的事业成败和国家命运兴衰。

（1）增进民生福祉是坚持立党为公、执政为民的本质要求；

（2）增进民生福祉是社会主义生产的根本目的；

（3）增进民生福祉是全面建设社会主义现代化国家的应有之义。

28. 答：绿色发展是新发展理念的重要内容，是发展观的一场深刻革命。要加快推动发展方式绿色低碳转型，坚持把绿色低碳发展作为解决生态环境问题的治本之策，加快形成绿色生产方式和生活方式，厚植高质量发展的绿色底色。

（1）加快推动产业结构、能源结构、交通运输结构等调整优化；

（2）推进各类资源节约集约利用；

（3）积极稳妥推进碳达峰碳中和；

（4）健全绿色发展的保障体系；

（5）坚持把建设美丽中国转化为全体人民自觉行动。

29. 答：

全球发展倡议的内容包括：

（1）坚持发展优先；

（2）坚持以人民为中心；

（3）坚持普惠包容；

（4）坚持创新驱动；

（5）坚持人与自然和谐共生；

（6）坚持行动导向，共同推动全球发展迈向平衡协调包容新阶段。

30. 答：党的力量来自组织，党的全面领导、党的全部工作要靠党的坚强组织体系去实现。党的十八大以来，我们党提出和坚持新时代党的组织路线，大力加强党的组织体系和干部队伍建设，为实现新时代党的历史使命提供坚强组织保证。要深入落实新时代党的组织路线，增强党组织政治功能和组织功能，建设堪当民族复兴重任的干部队伍，使党的各级组织都健全、都过硬。

（1）严密党的组织体系是重点。我们党建立了包括党的中央组织、地方组织、基层组织在内的上下贯通、执行有力的严密组织体系，这是世界上任何其他政党都不具有的强大优势。

（2）建设高素质专业化干部队伍是关键。忠诚干净担当是党对领导干部提出的政治要求。要坚持党管干部原则，坚持“信念坚定、为民服务、勤政务实、敢于担当、清正廉洁”的新时代好干部标准。

三、论述题（本大题共 1 小题，共 15 分）

31. 答：不忘本来才能开辟未来，善于继承才能更好创新。中华优秀传统文化是中华文明的智慧结晶和精华所在，是中华民族的根和魂。要坚持把马克思主义基本原理同中华优秀传统文化相结合，推动中华优秀传统文化创造性转化、创新性发展，让中华文明展现出永久魅力和时代风采。

（1）深刻把握中华文明的突出特性。中华优秀传统文化有很多重要元素，共同塑造出中华文明连续性、创新性、统一性、包容性、和平性的突出特性。

（2）推动中华优秀传统文化创造性转化、创新性发展。对历史最好的继承，就是创造新的历史。

（3）保护好、传承好文化遗产。文化遗产承载灿烂文明，传承历史文化，维系民族精神，是加强社会主义精神文明建设的深厚滋养，不仅要在物质形式上传承好，更要在心里传承好。

全国高等教育自学考试
习近平新时代中国特色社会主义思想概论
模拟试卷（十）

（课程代码　**15040**）

注意事项：

1. 本试卷分为两部分，第一部分为选择题，第二部分为非选择题。

2. 应考者必须按试题顺序在答题卡指定位置上作答，答在试卷上无效。

3. 涂写部分、画图部分必须使用 2B 铅笔，书写部分必须使用黑色字迹签字笔。

第一部分　选择题（50 分）

一、单项选择题：本大题共 25 小题，每小题 2 分，共 50 分。在每小题列出的备选项中只有一项是最符合题目要求的，请将其选出。

1. 习近平新时代中国特色社会主义思想是“两个结合”的重要成果，其中“第一个结合”指的是（　　）。

A. 马克思主义基本原理同中国具体实际相结合

B. 马克思主义基本原理同中华优秀传统文化相结合

C. 马克思主义基本原理同中国综合国力相结合

D. 马克思主义基本原理同中华传统文化相结合

2. 国家的生命线、人民的幸福线是指（　　）。

A. 党的基本理论　　　　B. 党的基本路线

C. 党的基本方略　　D. 统一战线

3. 关于中国梦的论述，正确的是（　　）。

（1）中国梦是国家的梦，民族的梦，也是每一个中国人的梦

（2）中国梦是国家的梦，民族的梦，每一个中国人的梦，也是全人类的梦

（3）中国梦把国家的追求、民族的向往、人民的期盼融为一体

（4）中国梦是和平、发展、合作、共赢的梦

（5）中国梦就是要让每个人获得发展自我和奉献社会机会

A.（1）（3）（4）（5）　　B.（2）（3）（4）（5）

C.（1）（2）（3）（5）　　D.（1）（2）（3）（4）

4. 国家治理体系的核心是（　　）。

A. 宪法　　B. 依法治国

C. 法治建设　　D. 中国共产党领导

5. 反映了政党的世界观、方法论和执政理念的是（　　）。

A. 人民立场　　B. 政治立场

C. 社会立场　　D. 党性立场

6. 依靠人民创造历史伟业，必须尊重人民的（　　）。

A. 斗争精神　　B. 首创精神

C. 主体地位　　D. 社会地位

7. 确立了马克思主义政党的最高目标是实现共产主义，并把实现人的自由而全面发展作为共产主义的本质特征的是（　　）。

A.《德意志意识形态》　　B.《共产党宣言》

C.《资本论》　　D.《反杜林论》

8. 新时代的改革开放是（　　）。

A. 全方位、深层次、局部的　　B. 全方位、广泛性、根本性的

C. 全方位、深层次、根本性的　　D. 全过程、深层次、根本性的

9. 发展理念是发展行动的先导，是（　　）。

A. 管全局、管根本、管路线、管长远的东西

B. 管全局、管根本、管方向、管长远的东西

C. 管整体、管根本、管方向、管形式的东西

D. 管全局、管根本、管方向、管长远的东西

10. 构建高水平社会主义市场经济体制，关键是要处理好（　　）。

A. 政策和市场的关系　　B. 发展和改革的关系

C. 政府和政策的关系　　D. 政府和市场的关系

11. 建设教育强国必须把教育事业放在（　　）。

A. 优先发展的战略位置　　B. 均衡发展的战略位置

C. 首要发展的战略位置　　D. 重要发展的战略位置

12. 发展教育的根本尺度是（　　）。

A. 社会需要　　B. 国家需要

C. 人民满意　　D. 岗位满意

13. 自主创新，就是从增强国家创新能力出发，加强（　　）。

A. 原始创新、集成创新、开放创新

B. 原始创新、集成创新、多元创新

C. 多元创新、集成创新、开放创新

D. 原始创新、多元创新、开放创新

14. 统战工作的关键是要坚持求同存异，发扬（　　）。

A. “团结—批评—团结”的优良传统

B. 艰苦奋斗的优良传统

C. 批评与自我批评的优良传统

D. 密切联系群众的优良传统

15. 下列属于全面推进依法治国的总目标的是（　　）。

A. 坚持依法行政、依法执政

B. 建设中国特色社会主义法治国家

C. 建设中国特色社会主义法治政府

D. 建设中国特色社会主义法治体系

16. 加强青少年法治教育，引导广大青少年做社会主义法治的忠实崇尚者、自觉遵守者和（　　）。

A. 坚定捍卫者　　B. 坚定支持者

C. 坚定执行者　　D. 坚定拥护者

17. 马克思主义中国化时代化的最新成果是（　　）。

A. 邓小平理论

B. “三个代表”重要思想

C. 科学发展观

D. 习近平新时代中国特色社会主义思想

18. 一个民族赖以长久生存的灵魂是（　　）。

A. 精神　　B. 信仰

C. 意志　　D. 价值观

19. 一个国家的文化软实力，从根本上说，取决于其核心价值观的生命力、凝聚力和（　　）。

A. 推动力　　B. 感召力

C. 影响力　　D. 自信力

20. 最基本的民生是（　　）。

A. 个人安全　　B. 就业

C. 公共安全　　D. 义务教育

21. 总体国家安全观的基础是（　　）。

A. 政治安全　　B. 经济安全

C. 人民安全　　D. 社会安全

22. 人民群众安全感的晴雨表是（　　）。

A. 政治安全　　B. 经济安全

C. 人民安全　　D. 社会安全

23. 在国防和军队现代化新“三步走”战略安排中，到本世纪中叶所要实现的目标是（　　）。

A. 基本实现机械化　　B. 信息化建设取得重大进展

C. 全面建成世界一流军队　　D. 基本实现国防和军队现代化

24. 新时代党解决台湾问题的总体方略中，祖国完全统一的战略支撑是（　　）。

A. 坚持推动两岸关系和平发展、融合发展

B. 坚持决不承诺放弃使用武力

C. 坚持一个中国原则和“九二共识”

D. 坚持反对外部势力干涉

25. 走和平发展道路，就要坚定奉行（　　）。

A. 互相尊重和平外交政策

B. 独立自主的和平外交政策

C. 礼尚往来和平外交政策

D. 开放包容和平外交政策

第二部分　非选择题（50 分）

二、简答题（本大题共 5 小题，每小题 7 分，共 35 分）

26. 简述“两个结合”是对坚持和发展马克思主义作出的重大理论贡献。

27. 简述新发展理念的科学内涵和具体的实践要求。

28. 简述建设现代化经济体系的主要内容。

29. 习近平外交思想的内容集中体现为哪些方面?

30. 新时代党的建设总要求是什么?

三、论述题（本大题共 1 小题，共 15 分）

31. 结合材料回答问题：

党的十九大作出中国特色社会主义进入新时代这个重大政治论断，我们必须认识到，这个新时代是中国特色社会主义新时代，而不是别的什么新时代。党要在新的历史方位上实现新时代党的历史使命，最根本的就是要高举中国特色社会主义伟大旗帜。

——习近平在新进中央委员会的委员、候补委员和省部级主要领导干部学习贯彻习近平新时代中国特色社会主义思想和党的十九大精神研讨班上的讲话（2018 年 1 月5 日）

分析中国特色社会主义进入新时代的重大意义和判断依据。

全国高等教育自学考试
习近平新时代中国特色社会主义思想概论
模拟试卷（十）
参考答案

（课程代码　**15040**）

一、单项选择题（本大题共 25 小题，每小题 2 分，共 50 分）

1. A　2. B　3. A　4. D　5. B　6. B　7. B　8. C　9. B
10. D　11. A　12. C　13. A　14. A　15. D　16. A　17. D　18. A
19. B　20. B　21. B　22. D　23. C　24. B　25. B

二、简答题（本大题共 5 小题，每小题 7 分，共 35 分）

26. 答：

"第一个结合"：我们党始终高度重视把马克思主义基本原理同中国具体实际相结合。毛泽东第一次系统阐述马克思主义基本原理同中国具体实际相结合的一系列重大问题，并提出要使马克思主义具有民族形式。

"第二个结合"：习近平总结党百年来的理论创新经验，在强调坚持"第一个结合"的基础上，明确提出把马克思主义基本原理同中华优秀传统文化相结合的重大命题，这是又一次的思想解放。

27. 答：（1）创新是引领发展的第一动力，创新发展注重的是解决发展动力问题，必须坚持创新在我国现代化建设全局中的核心地位，让创新贯穿党和国家一切工作，全面提升创新能力和效率，把创新发展主动权牢牢掌握在自己手中。

（2）协调是持续健康发展的内在要求，协调发展注重的是解决发展不平衡问题，必须正确处理局部和全局、当前和长远、重点和非重点的关系，在发展中促进相对平衡，不断增强发展的整体性。

（3）绿色是永续发展的必要条件和人民对美好生活追求的重要体现，绿色发展注重的是解决人与自然和谐共生问题，必须实现经济社会发展和生态环境保护协同共进，加快发展方式绿色转型，推动形成绿色低碳的生产方式和生活方式。

（4）开放是国家繁荣发展的必由之路，开放发展注重的是解决发展内外联动问题，必须推动形成更大范围、更宽领域、更深层次对外开放格局，不断增强我国国际经济合作和竞争新优势。

（5）共享是中国特色社会主义的本质要求，共享发展注重的是解决社会公平正义问题，必须坚持全民共享、全面共享、共建共享、渐进共享，不断推进全体人民共同富裕。

28. 答：建设现代化经济体系是我国发展的战略目标，是推动高质量发展、全面提高经济整体竞争力的必然要求。建设现代化经济体系，主要包括以下内容：

（1）建设创新引领、协同发展的产业体系；

（2）建设统一开放、竞争有序的市场体系；

（3）建设体现效率、促进公平的收入分配体系；

（4）建设彰显优势、协调联动的城乡区域发展体系；

（5）建设资源节约、环境友好的绿色发展体系；

（6）建设多元平衡、安全高效的全面开放体系；

（7）建设充分发挥市场作用、更好发挥政府作用的经济体制。

29. 答：（1）坚持以维护党中央权威为统领加强党对对外工作的集中统一领导；

（2）坚持以实现中华民族伟大复兴为使命推进中国特色大国外交；

（3）坚持以维护世界和平、促进共同发展为宗旨推动构建人类命运共同体；

（4）坚持以中国特色社会主义为根本增强战略自信；

（5）坚持以共商共建共享为原则推动“一带一路”建设；

（6）坚持以相互尊重、合作共赢为基础走和平发展道路；

（7）坚持以深化外交布局为依托打造全球伙伴关系；

（8）坚持以公平正义为理念引领全球治理体系改革；

（9）坚持以国家核心利益为底线维护国家主权、安全、发展利益；

（10）坚持以对外工作优良传统和时代特征相结合为方向塑造中国外交独特风范。

30. 答：坚持和加强党的全面领导，坚持党要管党、全面从严治党，以加强党的长期执政能力建设、先进性和纯洁性建设为主线，以党的政治建设为统领，以坚定理想信念宗旨为根基，以调动全党积极性、主动性、创造性为着力点，全面推进党的政治建设、思想建设、组织建设、作风建设、纪律建设，把制度建设贯穿其中，深入推进反腐败斗争，不断提高党的建设质量，把党建设成为始终走在时代前列、人民衷心拥护、勇于自我革命、经得起各种风浪考验、朝气蓬勃的马克思主义执政党。

三、论述题（本大题共 1 小题，共 15 分）

31. 答：

意义：（1）中国特色社会主义进入新时代，意味着近代以来久经磨难的中华民族迎来了从站起来、富起来到强起来的伟大飞跃，迎来了实现中华民族伟大复兴的光明前景；

（2）意味着科学社会主义在 21 世纪的中国焕发出强大生机活力，在世界上高高举起了中国特色社会主义伟大旗帜；

（3）意味着中国特色社会主义道路、理论、制度、文化不断发展，拓展了发展中国家走向现代化的途径，给世界上那些既希望加快发展又希望保持自身独立性的国家和民族提供了全新选择，为解决人类问题贡献了中国智慧和中国方案。

判断依据：（1）中国特色社会主义进入新时代，是我国社会主要矛盾发生新变化的反映。社会主要矛盾状况及其变化，是认识把握社会发展阶段性特征的重要依据。

（2）中国特色社会主义进入新时代，是党的主要任务发生新变化的反映。我们党在各个历史时期，总是立足中国实际，与时俱进提出新的主要任务，引领党和国家事业不断向前推进。

（3）中国特色社会主义进入新时代，是中国和世界关系发生新变化的反映。中国特色社会主义是在国际国内复杂环境中发展的，必须坚持用马克思主义基本原理分析把握历史大势，正确处理中国和世界的关系。

全国高等教育自学考试
习近平新时代中国特色社会主义思想概论
模拟试卷（十一）

（课程代码　15040）

注意事项：

1. 本试卷分为两部分，第一部分为选择题，第二部分为非选择题。

2. 应考者必须按试题顺序在答题卡指定位置上作答，答在试卷上无效。

3. 涂写部分、画图部分必须使用 2B 铅笔，书写部分必须使用黑色字迹签字笔。

第一部分　选择题

一、单项选择题：本大题共 25 小题，每小题 2 分，共 50 分。在每小题列出的备选项中只有一项是最符合题目要求的，请将其选出。

1. 当今的历史潮流是（　　）。

A. 和平、发展、合作、共赢

B. 和平、绿色、合作、共赢

C. 和平、发展、合作、共享

D. 创新、协调、合作、共享

2. 习近平新时代中国特色社会主义思想回答的重大时代课题包括（　　）。

（1）怎样坚持和发展中国特色社会主义

（2）建设什么样的社会主义现代化强国

（3）新时代坚持和发展什么样的中国特色社会主义

（4）怎样建设社会主义现代化强国

（5）建设什么样的长期执政的马克思主义政党

（6）怎样建设长期执政的马克思主义政党

A.（1）（2）（3）（4）　　B.（1）（2）（3）（4）（5）

C.（2）（3）（4）（5）（6）　　D.（1）（2）（3）（4）（5）（6）

3. 我国发展新的历史方位是（　　）。

A. 社会主义　　B. 中国特色社会主义

C. 中国特色社会主义新时代　　D. 社会主义初级阶段

4. 党的基本路线是（　　）。

A. 国家的幸福线、人民的生命线

B. 国家的生命线、人民的幸福线

C. 社会的生命线、人民的幸福线

D. 国家的生命线、社会的幸福线

5. 实现中华民族伟大复兴中国梦的关键一步是（　　）。

A. 全面建成小康社会　　B. 全面从严治党

C. 全面治国　　D. 全面建设小康社会

6. 把我国建成富强文明民主和谐美丽的社会主义现代化强国始于（　　）。

A. 2020 年　　B. 2025 年

C. 2030 年　　D. 2035 年

7. 中国最大的国情就是（　　）。

A. 中国共产党的领导　　B. 人民民主

C. 政治协商　　D. 多党合作

8. 贯穿党治国理政全部活动的一条红线是（　　）。

A. 人民当家作主　　B. 中国共产党领导

C. 坚持以人民为中心　　D. 社会主义基本制度

9. 我们党百年奋斗的宝贵历史经验和新时代党治国理政的根本价值取向是（　　）。

A. 坚持社会主义道路　　B. 坚持党的性质

C. 坚持人民至上　　D. 坚持人民立场

10. 习近平指出，现代化的最终目标是实现（　　）。

A. 人自由而全面的发展　　B. 社会主义现代化的发展

C. 共同富裕的发展　　D. 中华民族伟大复兴的发展

11. 社会主义改革的内在要求和基本目的是（　　）。

A. 解放思想　　B. 解放和增强社会活力

C. 加紧政策制订　　D. 解放和发展社会生产

12. 引领发展的第一动力是（　　）。

A. 创新　　B. 协调

C. 绿色　　D. 共享

13. 推进中国式现代化的生力军是（　　）。

A. 混合所有制经济　　B. 国营经济

C. 外资经济　　D. 民营经济

14. 现代化强国，必定是（　　）。

A. 教育强国、科技强国、人才强国

B. 教育强国、科技强国、经济强国

C. 教育强国、资源强国、人才强国

D. 教育强国、科技强国、资源强国

15. 功在当代、利在千秋的德政工程是（　　）。

A. 科技　　B. 教育

C. 人才　　D. 创新

16. 统一战线是（　　）。

A. 一致性和多样性的统一体　　B. 一致性和多元性的统一体

C. 一致性和复杂性的统一体　　D. 复杂性和多样性的统一体

17. 全面推进依法治国的总目标是（　　）。

A. 建设中国特色社会主义法治体系、建设社会主义法治国家

B. 法治国家、法治政府、法治社会一体建设

C. 依法治国、依法执政、依法行政一体推进

D. 科学立法、严格执法、公正司法、全民守法

18. 决定当代中国命运的“关键一招”是（　　）。

A. 创新与发展　　B. 和平与民主

C. 创新与开放　　D. 改革开放

19. 一个国家共同的思想道德基础是（　　）。

A. 精神　　B. 信仰

C. 意志　　D. 核心价值观

20. 下列不属于当代中国文艺的崇高使命的是（　　）。

A. 举精神旗帜　　B. 立精神支柱

C. 建精神家园　　D. 传播中国精神

21. 在全人类共同价值中，体现人类共同追求的是（　　）。

A. 天下为公　　B. 民主自由

C. 和平发展　　D. 公平正义

22. 劳动者赖以生存和发展的基础、共享经济发展成果的基本条件是（　　）。

A. 个人安全　　B. 就业

C. 公共安全　　D. 义务教育

23. 把“生态文明”写入宪法的是在（　　）。

A. 2017 年　　B. 2018 年

C. 2019 年　　D. 2020 年

24. 国家安全的基础是（　　）。

A. 政治安全　　B. 经济安全

C. 人民安全　　D. 社会安全

25. 在国防和军队现代化新“三步走”战略安排中，确保基本实现机械化、信息化建设取得重大进展的是在（　　）。

A. 2020 年　　B. 2025 年

C. 2030 年　　D. 2040 年

第二部分　非选择题（50分）

二、简答题（本大题共5小题，每小题7分，共35分）

26. 简述中华民族伟大复兴中国梦的内涵。

27. 简述党的全面领导制度。

28. 简述对社会主义基本经济制度的新概括及其意义。

29. 简述实现祖国完全统一是中华民族伟大复兴的必然要求。

30. 如何时刻保持解决大党独有难题的清醒和坚定？

三、论述题（本大题共 1 小题，共 15 分）

31. 结合材料回答问题：

习近平总书记旗帜鲜明地指出："中国特色社会主义，既坚持了科学社会主义基本原则，又根据时代条件赋予其鲜明的中国特色。这就是说，中国特色社会主义是社会主义，不是别的什么主义。"

——摘自《习近平新时代中国特色社会主义思想学习问答》，学习出版社、人民出版社，第 56 页。

在学习贯彻习近平新时代中国特色社会主义思想和党的十九大精神研讨班开班式上，习近平再次强调："新时代中国特色社会主义是我们党领导人民进行伟大社会革命的成果，也是我们党领导人民进行伟大社会革命的继续，必须一以贯之进行下去。”这是以习近平同志为核心的党中央着眼党和国家事业发展全局作出的科学论断，也是新时代中国共产党人坚定不移走中国特色社会主义道路的政治宣示。

——摘自《习近平谈治国理政》第三卷，外文出版社，第69-70页。

为什么说中国特色社会主义是社会主义而不是其他什么主义？

全国高等教育自学考试
习近平新时代中国特色社会主义思想概论
模拟试卷（十一）
参考答案

（课程代码 **15040**）

一、单项选择题（本大题共25小题，每小题2分，共50分）

1. A　2. D　3. C　4. B　5. A　6. D　7. A　8. C　9. C
10. A　11. B　12. A　13. D　14. A　15. B　16. A　17. A　18. D
19. D　20. D　21. B　22. B　23. B　24. B　25. A

二、简答题（本大题共5小题，每小题7分，共35分）

26. 答：实现中华民族伟大复兴，是近代以来中国人民的共同梦想，是中国共产党矢志不渝的奋斗目标。

（1）实现中华民族伟大复兴的中国梦，本质是国家富强、民族振兴、人民幸福。国家富强，就是要在全面建成小康社会基础上，全面建成富强民主文明和谐美丽的社会主义现代化强国；民族振兴，就是要使中华民族更加坚强有力地自立于世界民族之林，为人类作出新的更大的贡献；人民幸福，就是要坚持以人民为中心，增进人民福祉，促进人的全面发展，朝着共同富裕方向稳步前进。

（2）中国梦把国家的追求、民族的向往、人民的期盼融为一体，是国家的梦、民族的梦，也是每一个中国人的梦。

（3）中国梦就是要让每个人获得发展自我和奉献社会的机会，共同享有人生出彩的机会，共同享有梦想成真的机会，共同享有同祖国和时代一起成长与进步的机会。

（4）中国梦是和平、发展、合作、共赢的梦，中国人民愿意同各国人民在实现各自梦想的过程中相互支持、相互帮助，在推动实现持久和平、共同繁荣世界梦的崇高事业中作出更大贡献。

（5）奋力实现中华民族伟大复兴的中国梦，成为中国走向未来的鲜明指引，成为激励中华儿女万众一心、开拓前进的精神旗帜。

27. 答：（1）必须完善党在各种组织中发挥领导作用的制度；

（2）必须完善党协调各方的机制；

（3）必须完善党领导各项事业的具体制度。

28. 答：

对社会主义基本经济制度作出的新概括是：公有制为主体、多种所有制经济共同发展，按劳分配为主体、多种分配方式并存，社会主义市场经济体制等共同作为社会主义基本经济制度。这一基本经济制度，既体现了社会主义制度优越性，又同我国社会主义初级阶段社会生产力发展水平相适应，是党和人民的伟大创造。

29. 答：（1）实现祖国完全统一是由中华民族伟大复兴的时和势决定的，是不可阻挡的历史潮流。

（2）民族复兴、国家统一是大势所趋、大义所在、民心所向。

（3）台湾前途在于国家统一，台湾同胞福祉系于民族复兴。两岸关系和平发展是维护两岸和平、促进两岸共同发展、造福两岸同胞的正确道路。

（4）统一是历史大势，是正道；“台独”是历史逆流，是绝路。

30. 答：（1）全面从严治党永远在路上，党的自我革命永远在路上。

（2）我们党在世界上人口最多的国家长期执政，历史久、人数多、规模大，既有办大事、建伟业的巨大优势，也面临治党治国的特殊难题。

（3）解决大党独有难题，是一个长期而艰巨的过程，要以清醒的自觉、持续的定力破解难题。

（4）时刻保持解决大党独有难题的清醒和坚定，展现了我们党历经百年沧桑依然风华正茂的精神状态。

三、论述题（本大题共 1 小题，共 15 分）

31. 答：中国特色社会主义是科学社会主义理论逻辑和中国社会发展历史逻辑的辩证统一。习近平指出：“中国特色社会主义，既坚持了科学社会主义基本原则，又根据时代条件赋予其鲜明的中国特色。”

（1）科学社会主义是人类历史上的伟大创造，也是人类自我解放的伟大觉醒。

（2）中国特色社会主义坚持了科学社会主义基本原则。中国特色社会主义之所以是社会主义，而不是其他什么主义，就是因为我们始终坚持科学社会主义基本原则，并根据新的时代条件赋予其鲜明的中国特色。

（3）中国特色社会主义写出了科学社会主义的“新版本”。当代中国的伟大社会变革，不是简单延续我国历史文化的母版，不是简单套用马克思主义经典作家设想的模板，不是其他国家社会主义实践的再版，也不是国外现代化发展的翻版。社会主义并没有定于一尊、一成不变的套路，只有把科学社会主义基本原则同我国具体实际、历史文化传统、时代要求紧密结合起来，在实践中不断探索总结，才能更好地坚持和发展中国特色社会主义。

全国高等教育自学考试
习近平新时代中国特色社会主义思想概论
模拟试卷（十二）

（课程代码　**15040**）

注意事项：

1. 本试卷分为两部分，第一部分为选择题，第二部分为非选择题。

2. 应考者必须按试题顺序在答题卡指定位置上作答，答在试卷上无效。

3. 涂写部分、画图部分必须使用 2B 铅笔，书写部分必须使用黑色字迹签字笔。

第一部分　选择题（50 分）

一、单项选择题：本大题共 25 小题，每小题 2 分，共 50 分。在每小题列出的备选项中只有一项是最符合题目要求的，请将其选出。

1. 21 世纪科学社会主义的旗帜是（　　）。

A. 其他社会主义　　B. 中国特色社会主义

C. 社会主义　　D. 共产主义

2. 新时代党和国家事业发展的根本遵循是（　　）。

A. “五位一体”总体布局

B. 习近平新时代中国特色社会主义思想

C. 习近平法治思想

D. 习近平文化思想

3. 社会主义现代化强国的目标是（　　）。

A. 富强文明民主和谐美丽　　B. 富强绿色民主和谐美丽

C. 富强绿色民主和谐美丽　　D. 富强文明法治和谐美丽

4. 马克思主义政党第一位的能力是（　　）。

A. 思想引领力　　B. 政治领导力

C. 群众组织力　　D. 社会号召力

5. 中国特色社会主义制度建设的关键是（　　）。

A. 党的领导制度　　B. “一个中心，两个基本点”

C. “两个文明，两手抓”　　D. “五位一体”

6. 坚持以人民为中心，体现了（　　）。

A. 历史唯物主义基本原理　　B. 辩证唯物主义基本原理

C. 科学社会主义基本原理　　D. 人类社会发展规律基本原理

7. 党的奋斗目标是（　　）。

A. 人民对美好生活的向往　　B. 共同富裕

C. 中华民族伟大复兴　　D. 社会主义现代化强国

8. 党和人民大踏步赶上时代的重要法宝是（　　）。

A. 统筹规划　　B. 改革开放

C. 实现中国梦　　D. 绿色发展

9. 新时代全面深化改革的关键所在是（　　）。

A. 解放思想　　B. 解放和增强社会活力

C. 加紧政策制定　　D. 解放和发展社会生产

10. 解决我国一切问题的基础和关键是（　　）。

A. 创新　　B. 协调

C. 发展　　D. 共享

11. 推进中国式现代化的生力军是（　　）。

A. 混合所有制经济　　B. 国营经济

C. 外资经济　　D. 民营经济

12. 增强综合国力、满足人民群众美好生活需要的必然要求是（　　）。

A. 实施科教兴国战略、人才强国战略、创新驱动发展战略

B. 实施科教兴国战略、金融强国战略、创新驱动发展战略

C. 实施科教兴国战略、人才强国战略、金融强国战略

D. 实施金融强国战略、人才强国战略、创新驱动发展战略

13. 下列课程中，落实立德树人根本任务的关键课程是（　　）。

A. 思想政治理论课　　B. 育人工程课

C. 专业课　　D. 社会实践课

14. 全过程人民民主是（　　）。

A. 最广泛、最真实、最管用的民主

B. 最广泛、最具体、最管用的民主

C. 最实际、最真实、最管用的民主

D. 最广泛、最真实、最实际的民主

15. 铸牢中华民族共同体意识，就是要引导各族人民牢固树立（　　）。

A. 休戚与共、荣辱与共、生死与共、命运与共的共同体理念

B. 休戚与共、荣辱与共、利益与共、命运与共的共同体理念

C. 休戚与共、荣辱与共、生死与共、利益与共的共同体理念

D. 盛衰与共、利益与共、生死与共、命运与共的共同体理念

16. 坚持和发展中国特色社会主义的本质要求和重要保障是（　　）。

A. 全面依法治国　　B. 民主法治

C. 改革开放　　D. 人民监督

17. 中华文明的突出特性包括（　　）。

A. 连续性、创新性、统一性、包容性、和平性

B. 连续性、复杂性、统一性、包容性、连贯性

C. 连续性、复杂性、统一性、包容性、和平性

D. 连贯性、创新性、统一性、包容性、和平性

18. 增进民生福祉是社会主义生产的（　　）。

A. 根本目的　　B. 唯一出路

C. 重要内容　　D. 必要途径

19. 习近平指出，就业是最大的民生工程、民心工程和（　　）。

A. 根基工程　　B. 惠民工程

C. 基础工程　　D. 爱心工程

20. 把“生态文明”写入宪法的是在（　　）。

A. 2017 年　　B. 2018 年

C. 2019 年　　D. 2020 年

21. 接续奋斗的伟大事业是（　　）。

A. 全面从严治党　　B. 改革开放

C. 绿色发展　　D. 建设强大军队

22. 中国共产党致力于为中国人民谋幸福、为中华民族谋复兴，同时也致力于（　　）。

A. 为人类谋进步、为世界谋大同

B. 为人类谋解放、为世界谋大同

C. 为世界谋发展、为人类谋福祉

D. 为人类谋福祉、为世界谋大同

23. 中国外交的力量源泉是（　　）。

A. 和平外交　　B. 经济外交

C. 大国外交　　D. 人民外交

24. 新时代党的建设的鲜明主题是（　　）。

A. 全面从严治党　　B. 自我革命

C. 为人民服务　　D. 不忘初心，牢记使命

25. 坚守理想信念、坚定革命意志的前提是（　　）。

A. 加强思想建设　　B. 加强制度建设

C. 加强政治建设　　D. 加强作风建设

第二部分　非选择题（50 分）

二、简答题（本大题共 5 小题，每小题 7 分，共 35 分）

26. 简述习近平新时代中国特色社会主义思想回答的三个重大时代课题。

27. 简述社会主义基本经济制度的新概括及其意义。

28. 为什么说全过程人民民主是最广泛、最真实、最管用的民主?

29. 简述中国特色社会主义法治道路的核心要义。

30. 如何大力加强马克思主义理论建设?

三、论述题（本大题共 1 小题，共 15 分）

31. 结合材料回答问题:

全面深化改革必须以促进社会公平正义、增进人民福祉为出发点和落脚点。如果不能给老百姓带来实实在在的利益，不能创造更加公平的社会环境，改革就失去意义，也不可能持续。要把促进社会公平正义、增进人民福祉作为一面镜子，审视我们各方面体制机制和政策规定，哪里有不符合社会公平正义的问题，哪里就需要改革；哪个领域哪个环节问题突出，哪个领域哪个环节就是改革的重点。

创新制度安排，努力克服人为因素造成的有违社会公平正义的现象，保证人民平等参与、平等发展权利。

——摘自《习近平新时代中国特色社会主义思想学习纲要（2023 年版）》，学习出版社、人民出版社，第 87 页。

为什么说全面深化改革是一场深刻革命？

全国高等教育自学考试
习近平新时代中国特色社会主义思想概论
模拟试卷（十二）
参考答案

（课程代码　15040）

一、单项选择题（本大题共25小题，每小题2分，共50分）

1. B　2. B　3. A　4. B　5. A　6. B　7. A　8. B　9. B
10. C　11. D　12. A　13. A　14. A　15. A　16. A　17. A　18. A
19. A　20. B　21. D　22. A　23. D　24. A　25. A

二、简答题（本大题共5小题，每小题7分，共35分）

26. 答：（1）新时代坚持和发展什么样的中国特色社会主义、怎样坚持和发展中国特色社会主义；

（2）建设什么样的社会主义现代化强国、怎样建设社会主义现代化强国；

（3）建设什么样的长期执政的马克思主义政党、怎样建设长期执政的马克思主义政党。

27. 答：

新概括：对社会主义基本经济制度作出新概括，将公有制为主体、多种所有制经济共同发展，按劳分配为主体、多种分配方式并存，社会主义市场经济体制等共同作为社会主义基本经济制度。

意义：（1）这一基本经济制度，既体现了社会主义制度优越性，又同我国社会主义初级阶段社会生产力发展水平相适应，是党和人民的伟大创造。

（2）社会主义基本经济制度的新概括，充分体现了我们党对我国经济发展规律的深刻认识和科学把握。

28. 答：全过程人民民主是社会主义民主政治的本质属性，是最广泛、最真实、最管用的民主。

（1）全过程人民民主是最广泛的民主。我国宪法规定，国家的一切权力属于人民。全过程人民民主是全体人民共同持续参与，各个民族共同平等享有，不同地域、不同领域、不同层级、不同群体均实现全面覆盖的民主体系，是最广泛的民主。

（2）全过程人民民主是最真实的民主。全过程人民民主把党的主张、国家意志、人民意愿紧密融合在一起，充分彰显了人民的主体地位，彰显了人民民主的真实性。全过程人民民主是真真切切落实到国家政治生活和社会生活各方面、为全体人民真真切切感知和认同的民主体系，是最真实的民主。

（3）全过程人民民主是最管用的民主。“民主不是装饰品，不是用来做摆设的，而是用来解决人民要解决的问题的”。全过程人民民主具有显著的实践优越性，是最管用的民主。

29. 答：中国特色社会主义法治道路的核心要义，就是要坚持党的领导，坚持中国特色社会主义制度，贯彻中国特色社会主义法治理论。这三个方面规定和确保了中国特色社会主义法治体系的制度属性和前进方向。

30. 答：（1）坚持用马克思主义特别是中国化时代化的马克思主义武装全党、教育人民、指导实践；

（2）深化马克思主义理论研究和建设；

（3）加快构建中国特色哲学社会科学。

三、论述题（本大题共 1 小题，共 15 分）

31. 答：（1）新时代全面深化改革开放，就其艰巨性、复杂性和系统性来说，是一场深刻的革命。习近平指出，“我们提出的一系列创新理论、采取的一系列重大举措、取得的一系列重大突破，都是革命性的”。这场革命取得了历史性成就，对中国特色社会主义事业发展产生了重大而深远的影响。

（2）全面深化改革开放是涉险滩、闯难关的变革。

（3）面对改革开放进入攻坚期和深水区的新形势、新要求，以习近平同志为核心的党中央以巨大的政治勇气打响改革攻坚战，加强党对全面深化改革开放的集中统一领导，以全局观念和系统思维谋划推进改革，冲破思想观念束缚，突破利益固化藩篱，坚决破除各方面体制机制弊端，着力解决新矛盾、应对新挑战，把全面深化改革开放引向深入。

（4）全面深化改革开放是一场思想理论的深刻变革、改革组织方式的深刻变革、国家制度和治理体系的深刻变革、人民广泛参与的深刻变革。

（5）全面深化改革开放是在多年改革开放基础上的深化，是一场全面、系统、整体的制度创新。

全国高等教育自学考试
习近平新时代中国特色社会主义思想概论
模拟试卷（十三）

（课程代码 **15040**）

注意事项：

1. 本试卷分为两部分，第一部分为选择题，第二部分为非选择题。

2. 应考者必须按试题顺序在答题卡指定位置上作答，答在试卷上无效。

3. 涂写部分、画图部分必须使用2B铅笔，书写部分必须使用黑色字迹签字笔。

第一部分　选择题（50分）

一、单项选择题：本大题共25小题，每小题2分，共50分。在每小题列出的备选项中只有一项是最符合题目要求的，请将其选出。

1. 新时代党和国家事业取得历史性成就、发生历史性变革的决定性因素是（　　）。

A. “两个确立”　　B. “四个自信”

C. “两个维护”　　D. “三个务必”

2. 成为中国走向未来的鲜明指引，成为激励中华儿女万众一心、开拓前进的精神旗帜的是（　　）。

A. 全面建设美丽中国

B. 奋力实现中华民族伟大复兴的中国梦

C. 全面建成小康社会

D. 推进中国式现代化行稳致远

3. 中国共产党领导人民长期探索和实践的重大成果是（　　）。

A. 美丽中国　　B. 中国特色社会主义

C. 全面建成小康社会　　D. 中国式现代化

4. 党的领导的最高原则是（　　）。

A. 党中央集中统一领导　　B. 民主集中制

C. 多党合作协商　　D. 全心全意为人民

5. 加强党的全面领导的制度安排是（　　）。

A. 党中央对重大工作的领导体制

B. 党中央权威和集中统一领导的各项制度

C. 提高党的执政能力和领导水平制度

D. 全面从严治党制度

6. 一个政党观察、认识、处理政治问题的立足点是（　　）。

A. 人民立场　　B. 政治立场

C. 社会立场　　D. 党性立场

7. 人民是党的工作的（　　）。

A. 最高评判者和最高评判者　　B. 唯一裁决者和最终评判者

C. 唯一裁决者和唯一评判者　　D. 最高裁决者和最终评判者

8. 对全面深化改革进行总体擘画，确定了全面深化改革的总目标、战略重点、优先顺序、主攻方向、工作机制、推进方式和时间表、路线图的是在（　　）。

A. 2011 年 11 月　　B. 2012 年 11 月

C. 2013 年 11 月　　D. 2014 年 11 月

9. “三个进一步解放”既是改革的目的，又是改革的条件。下列不属于“三个进一步解放”的是（　　）。

A. 进一步解放思想　　B. 进一步解放和发展社会生产力

C. 进一步解放和增强社会活力　　D. 进一步解放创造性

10. 新时代坚持和发展中国特色社会主义的根本动力是（　　）。

A. 全面深化改革开放　B. 弘扬全人类共同价值

C. 共建“一带一路”　D. 反对单边主义

11. 引领我国发展全局深刻变革的科学指引是（　　）。

A. 新发展理念　B. 发展意识

C. 发展观点　D. 发展内容

12. 推动党和国家各项事业发展的重要先手棋是（　　）。

A. 军事优先发展　B. 经济优先发展

C. 社会优先发展　D. 教育优先发展

13. 中国特色社会主义政治制度具有鲜明的（　　）。

A. 中国特色、民族特色、时代特色

B. 中国特色、国际特色、制度特色

C. 中国特色、民族特色、制度特色

D. 中国特色、制度特色、时代特色

14. 我国宪法规定，国家的一切权力属于（　　）。

A. 人民　B. 公民

C. 国家干部　D. 人大代表

15. 中华文明的突出特性包括（　　）。

A. 连续性、创新性、统一性、包容性、和平性

B. 连续性、复杂性、统一性、包容性、连贯性

C. 连续性、复杂性、统一性、包容性、和平性

D. 连贯性、创新性、统一性、包容性、和平性

16. 社会主义文艺的灵魂是（　　）。

A. 中国精神　B. 中国价值

C. 中国力量　D. 中国传统

17. 发展的根本目的是（　　）。

A. 增进民生福祉　B. 全面建成小康社会

C. 全面建成社会主义现代化强国　D. 促进社会公平正义

18. 把“生态文明”写入宪法的是在（　　）。

A. 2017 年　　B. 2018 年

C. 2019 年　　D. 2020 年

19. 解决安全问题的“总钥匙”是（　　）。

A. 发展　　B. 和平

C. 稳定　　D. 改革

20. 在强军目标的科学内涵中，能打胜仗是（　　）。

A. 灵魂　　B. 核心

C. 保证　　D. 方法

21. 新时代中国外交的基本原则是（　　）。

A. 坚持以人民为中心　　B. 坚持合作共赢

C. 构建人类命运共同体　　D. 坚持走和平发展道路

22. 下列不属于“一带一路”倡议的核心内涵的是（　　）。

A. 促进基础设施建设和互联互通

B. 加强经济政策协调和发展战略对接

C. 促进协同联动发展

D. 为世界谋大同

23. 新形势下推进伟大事业、进行伟大斗争、实现伟大梦想的必然要求是（　　）。

A. 加强经济社会发展　　B. 加强主题教育

C. 加强党内监督　　D. 加强党的自身建设

24. 党的基础性建设是（　　）。

A. 党的思想建设　　B. 党的制度建设

C. 党的政治建设　　D. 党的作风建设

25. 我们党最大的优势、最鲜明的品格是（　　）。

A. 党的领导　　B. 走中国特色社会主义道路

C. 勇于自我革新　　D. 勇于自我革命

第二部分　非选择题（50 分）

二、简答题（本大题共 5 小题，每小题 7 分，共 35 分）

26. 简述新时代坚持和发展中国特色社会主义的基本方略。

27. 简述实施乡村振兴战略的主要内容。

28. 如何完善社会治理体系？

29. 简述总体国家安全观的主要内容。

30. 简述新时代人民军队使命任务。

三、论述题（本大题共 1 小题，共 15 分）

31. 结合材料回答问题：

我一直强调，教育事关国家发展、事关民族未来；没有哪一项事业像教育这样影响甚至决定着接班人问题，影响甚至决定着国家长治久安，影响甚至决定着民族复兴和国家崛起。从这个意义上说，教育是国之大计、党之大计。

——摘自《论教育》（习近平），中央文献出版社，第 2 页。

如何理解教育是民族振兴、社会进步的基石？

全国高等教育自学考试
习近平新时代中国特色社会主义思想概论
模拟试卷（十三）
参考答案

（课程代码　**15040**）

一、单项选择题（本大题共25小题，每小题2分，共50分）

1. A　2. B　3. D　4. A　5. A　6. B　7. D　8. C　9. D
10. A　11. A　12. D　13. A　14. A　15. A　16. A　17. A　18. B
19. A　20. B　21. D　22. D　23. D　24. A　25. D

二、简答题（本大题共5小题，每小题7分，共35分）

26. 答：

新时代坚持和发展中国特色社会主义的基本方略包括：

（1）坚持党对一切工作的领导；

（2）坚持以人民为中心；

（3）坚持全面深化改革；

（4）坚持新发展理念；

（5）坚持人民当家作主；

（6）坚持全面依法治国；

（7）坚持社会主义核心价值体系；

（8）坚持在发展中保障和改善民生；

（9）坚持人与自然和谐共生；

（10）坚持总体国家安全观；

（11）坚持党对人民军队的绝对领导；

（12）坚持“一国两制”和推进祖国统一；

（13）坚持推动构建人类命运共同体；

（14）坚持全面从严治党。

“十四个坚持”涵盖坚持党的领导和“五位一体”总体布局、“四个全面”战略布局，涵盖国防和军队建设、维护国家安全、对外战略，是党的治国理政重大方针、原则的全面概括。

27. 答：（1）产业振兴；

（2）人才振兴；

（3）文化振兴；

（4）生态振兴；

（5）组织振兴。

28. 答：社会治理体系是进行社会治理的基础，也是提高社会治理效能的保障。

（1）理念是完善社会治理体系的先导，必须坚持共建共治共享的社会治理理念。

（2）制度是完善社会治理体系的保障，必须健全社会治理制度，提升社会治理效能。

（3）方式方法是完善社会治理体系的重要内容，必须不断创新社会治理方式、途径和手段。

29. 答：

总体国家安全观的主要内容集中体现为“十个坚持”：

（1）坚持党对国家安全工作的绝对领导；

（2）坚持中国特色国家安全道路；

（3）坚持以人民安全为宗旨；

（4）坚持统筹发展和安全；

（5）坚持把政治安全放在首要位置；

（6）坚持统筹推进各领域安全；

（7）坚持把防范化解国家安全风险摆在突出位置；

（8）坚持推进国际共同安全；

（9）坚持推进国家安全体系和能力现代化；

（10）坚持加强国家安全干部队伍建设。

30. 答：人民军队是执行党的政治任务的武装集团，党和人民所需就是军队使命任务所系。人民军队自成立起，就始终为争取民族独立、人民解放和实现国家富强、人民幸福而英勇奋斗。进入新时代，以习近平同志为核心的党中央着眼实现中华民族伟大复兴这个国家和民族最高利益，对人民军队使命任务作出新定位、提出新要求，概括起来就是“四个战略支撑”。

（1）为巩固中国共产党领导和我国社会主义制度提供战略支撑。人民军队必须坚定站在党的旗帜下，坚决听党指挥，坚决保卫社会主义制度，坚决维护国家政权安全，坚决维护政治社会大局稳定。

（2）为捍卫国家主权、统一和领土完整提供战略支撑。人民军队始终是捍卫国家主权、统一和领土完整的坚强柱石，必须做好随时打硬仗的准备，坚决捍卫国家核心利益，决不后退一步，决不丢失一寸领土。

（3）为维护我国海外利益提供战略支撑。海外利益是我国国家利益的重要组成部分。有效维护海外中国公民、组织和机构的安全和正当权益，是人民军队担负的重要任务。在我国海外利益、公民安全遭受威胁时，人民军队必须肩负起提供强有力军事保障的责任。

（4）为促进世界和平与发展提供战略支撑。一个和平稳定繁荣的中国，是世界的机遇和福祉。一支强大的中国军队，是维护世界和平稳定、服务构建人类命运共同体的坚定力量。新时代，人民军队必须适应推动构建人类命运共同体的战略要求，积极履行同我国国际地位相称的责任和义务，为维护和平的国际环境和周边环境发挥更大作用。

三、论述题（本大题共 1 小题，共 15 分）

31. 答：（1）教育是国之大计、党之大计，是功在当代、利在千秋的德政工程，对提高人民综合素质、促进人的全面发展、增强中华民族创新创造活力、实现中华民族伟大复兴具有决定性意义。要深刻认识教育的重要战略地位，坚定不移办好中国特色社会主义教育，建设教育强国。

（2）教育是国家经济社会发展的支撑力量，在国家发展中始终具有基础性先导性全局性地位。

（3）办好中国特色社会主义教育，必须坚持党对教育工作的全面领导，坚持党的教育方针，坚持社会主义办学方向。

（4）办好中国特色社会主义教育，必须坚持扎根中国大地办教育。

全国高等教育自学考试
习近平新时代中国特色社会主义思想概论
模拟试卷（十四）

（课程代码　**15040**）

注意事项：

1. 本试卷分为两部分，第一部分为选择题，第二部分为非选择题。

2. 应考者必须按试题顺序在答题卡指定位置上作答，答在试卷上无效。

3. 涂写部分、画图部分必须使用 2B 铅笔，书写部分必须使用黑色字迹签字笔。

第一部分　选择题（50 分）

一、单项选择题：本大题共 25 小题，每小题 2 分，共 50 分。在每小题列出的备选项中只有一项是最符合题目要求的，请将其选出。

1. 进入新时代，党和国家必须长期坚持的指导思想是（　　）。

A. 习近平新时代中国特色社会主义思想

B. 马克思主义

C. 毛泽东思想

D. 邓小平理论

2. 党和人民应对一切不确定性的最大确定性、最大底气、最大保证是（　　）。

A. “两个确立”　　B. “四个自信”

C. “两个维护” D. “三个务必”

3. 党的十八大以来，中国特色社会主义进入新时代，这是我国发展新的（ ）。

A. 历史维度 B. 战略方向

C. 战略格局 D. 历史方位

4. 关于中国梦的说法，正确的是（ ）。

A. 实现中国梦，就是实现国家富强、民族振兴、人民幸福

B. 经济腾飞，就是实现中国梦

C. 实现中国梦是国家的事，与个人无关

D. 中国梦是遥远的，遥不可及

5. 党保持团结统一和强大战斗力、不断取得胜利的关键所在是（ ）。

A. 党中央集中统一领导 B. 民主集中制

C. 多党合作协商 D. 全心全意为人民服务

6 中国共产党的根本政治立场是（ ）。

A. 人民立场 B. 群众立场

C. 社会立场 D. 党性立场

7. 体现了我国社会主要矛盾转化对党和国家工作的新要求的是（ ）。

A. 人民对美好生活的向往 B. 共同富裕

C. 中华民族伟大复兴 D. 社会主义现代化强国

8. 改革开放的鲜明特征和首要任务是（ ）。

A. 解放思想 B. 解放和增强社会活力

C. 加紧政策制定 D. 解放和发展社会生产力

9. 发展思路、发展方式、发展着力点的集中体现是（ ）。

A. 发展理念 B. 发展意识

C. 发展观点 D. 发展内容

10. 基本分配制度决定于我国（ ）。

A. 社会主义生产方式 B. 社会主义性质和基本国情

C. 人民生活水平 D. 社会制度

11. 在国家发展全局中居于核心位置的是（　　）。

A. 教育　　B. 科技

C. 发展　　D. 创新

12. 办好教育的根本保证是（　　）。

A. 坚持党对教育工作的全面领导

B. 坚持教育机构对教育工作的全面领导

C. 坚持社会对教育工作的全面领导

D. 坚持学校对教育工作的全面领导

13. 我国的国体是（　　）。

A. 人民代表大会制度　　B. 全国人民代表大会

C. 人民民主专政的社会主义国家　　D. 社会主义法治国家

14. 统一战线最核心最根本的问题是（　　）。

A. 坚持党的领导　　B. 路线

C. 坚持人民民主专政　　D. 思想

15. 党的十八大报告提出：“倡导富强、民主、文明、和谐，倡导自由、平等、公正、法治，倡导爱国、敬业、诚信、友善，积极培育和践行社会主义核心价值观。”其中“自由、平等、公正、法治”是从哪一层面对社会主义基本理念的凝练表达？（　　）

A. 国家层面　　B. 社会层面

C. 个人层面　　D. 思想层面

16. 民族精神的火炬是（　　）。

A. 文艺　　B. 文化

C. 理想　　D. 信念

17. 在总体国家安全观中处于基础地位的是（　　）。

A. 外部安全　　B. 经济安全

C. 极地安全　　D. 科技安全

18. 政治安全与人民安全、国家利益至上有机统一，其中国家利益至上是（　　）。

A. 促进政治安全和人民安全的重要依托

B. 保障政治安全和人民安全的唯一前提

C. 维护政治安全和人民安全的根本保证

D. 实现政治安全和人民安全的要求和原则

19. 在新时代强军目标中，决定军队建设政治方向的是（　　）。

A. 光荣传统　　B. 听党指挥

C. 能打胜仗　　D. 作风优良

20. 依据“一国两制”方针，国家主体实行的制度是（　　）。

A. 新民主主义制度　　B. 资本主义制度

C. 社会主义制度　　D. 共产主义制度

21. 在新时代解决台问题的总体方略中，统一的根本动力是（　　）。

A. 坚持团结台湾同胞、争取台湾民心

B. 坚持一个中国原则和“九二共识”

C. 推动两岸关系融合发展

D. 粉碎“台独”分裂图谋

22. 加强同发展中国家团结合作，我国秉持的理念是（　　）。

A. 均衡发展　　B. 总体稳定

C. 以邻为伴　　D. 真实亲诚

23. 在全人类共同价值中，体现人类共同理想的是（　　）。

A. 天下为公　　B. 民主自由

C. 和平发展　　D. 公平正义

24. 党的建设中，摆在首位的是党的（　　）。

A. 文化建设　　B. 社会建设

C. 经济建设　　D. 政治建设

25. 党长期执政面临的最大威胁是（　　）。

A. 腐败　　B. 不思进取

C. 能力不足　　D. 贪图享受

第二部分　非选择题（50分）

二、简答题（本大题共5小题，每小题7分，共35分）

26. 简述中华民族伟大复兴中国梦的内涵。

27. 高质量发展关系我国社会主义现代化建设全局，其具有的重大战略意义是什么？

28. 简述共建共治共享的含义。

29. 简述习近平强军思想的主要内容。

30. 简述“一国”和“两制”的关系。

三、论述题（本大题共 1 小题，共 15 分）

31. 结合材料回答问题：

两岸关系发展历程证明：台湾是中国一部分、两岸同属一个中国的历史和法理事实，是任何人任何势力都无法改变的！两岸同胞都是中国人，血浓于水、守望相助的天然情感和民族认同，是任何人任何势力都无法改变的！台海形势走向和平稳定、两岸关系向前发展的时代潮流，是任何人任何势力都无法阻挡的！国家强大、民族复兴、两岸统一的历史大势，更是任何人任何势力都无法阻挡的！

——《习近平谈治国理政》第三卷，第 405 页。

如何牢牢把握两岸关系主导权和主动权？

全国高等教育自学考试
习近平新时代中国特色社会主义思想概论
模拟试卷（十四）
参考答案

（课程代码　**15040**）

一、单项选择题（本大题共25小题，每小题2分，共50分）

1. A　2. A　3. D　4. A　5. A　6. A　7. A　8. D　9. A

10. B　11. D　12. A　13. C　14. A　15. B　16. A　17. B　18. D

19. B　20. C　21. A　22. D　23. D　24. D　25. A

二、简答题（本大题共5小题，每小题7分，共35分）

26. 答：实现中华民族伟大复兴，是近代以来中国人民的共同梦想，是中国共产党矢志不渝的奋斗目标。

（1）实现中华民族伟大复兴的中国梦，本质是国家富强、民族振兴、人民幸福。国家富强，就是要在全面建成小康社会基础上，全面建成富强民主文明和谐美丽的社会主义现代化强国；民族振兴，就是要使中华民族更加坚强有力地自立于世界民族之林，为人类作出新的更大的贡献；人民幸福，就是要坚持以人民为中心，增进人民福祉，促进人的全面发展，朝着共同富裕方向稳步前进。

（2）中国梦把国家的追求、民族的向往、人民的期盼融为一体，是国家的梦、民族的梦，也是每一个中国人的梦。

（3）中国梦就是要让每个人获得发展自我和奉献社会的机会，共同享有人生出彩的机会，共同享有梦想成真的机会，共同享有同祖国和时代一起成长与进步的机会。

（4）中国梦是和平、发展、合作、共赢的梦，中国人民愿意同各国人民在实现各自梦想的过程中相互支持、相互帮助，在推动实现持久和平、共同繁荣世界梦的崇高事业中作出更大贡献。

（5）奋力实现中华民族伟大复兴的中国梦，成为中国走向未来的鲜明指引，成为激励中华儿女万众一心、开拓前进的精神旗帜。

27. 答：（1）高质量发展为全面建设社会主义现代化国家提供更为坚实的物质基础。只有实现高质量发展，才能在经济总量规模继续扩大的同时不断提高发展质量效益，为我国的社会事业发展、文化事业繁荣、生态环境美好、国际地位提升、国防和安全能力增强等提供强大的物质和技术保障。

（2）高质量发展是不断满足人民对美好生活需要的重要保证。只有实现高质量发展，才能不断增进人民福祉，满足人民群众多方面的需求，更好地提高人民生活品质，促进共同富裕取得更为扎实的进展。

（3）高质量发展是维护国家长治久安的必然要求。只有实现高质量发展，才能确保重要产业、基础设施、战略资源、重大科技等关键领域安全可控，有效防范和化解重大风险，为维护国家主权、安全和发展利益提供重要支撑。

28. 答：坚持共建共治共享，保障全体人民参与社会建设、社会治理的权利，维护全体人民享有社会治理成果的权益，是完善社会治理必须始终遵循的重要理念。

（1）共建是共同参与社会建设，要求突出制度和体系建设的基础性、战略性地位，是社会治理的基础；

（2）共治是共同参与社会治理，要求树立大社会观、大治理观，打造全民参与的开放治理体系，是社会治理的关键；

（3）共享是共同享有社会治理成果，要求社会治理的成效更多更公平惠及全体人民，是社会治理的目标。

29. 答：

习近平强军思想的主要内容集中体现为“十一个明确”：

（1）明确党对人民军队的绝对领导是人民军队建军之本、强军之魂；

（2）明确强国必须强军；

（3）明确党在新时代的强军目标是建设一支听党指挥、能打胜仗、作风优良的人民军队；

（4）明确军队是要准备打仗的；

（5）明确推进强军事业必须坚持政治建军、改革强军、科技强军、人才强军、依法治军；

（6）明确改革是强军的必由之路；

（7）明确科技是核心战斗力；

（8）明确强军之道要在得人；

（9）明确依法治军是我们党建军治军基本方式；

（10）明确军民融合发展是兴国之举、强军之策；

（11）明确作风优良是我军鲜明特色和政治优势。

30. 答：（1）“一国两制”方针是一个完整的体系。维护国家主权、安全、发展利益是“一国两制”方针的最高原则，在这个前提下，香港、澳门保持原有的资本主义制度长期不变，享有高度自治权。

（2）“一国”是实行“两制”的前提和基础，“两制”从属和派生于“一国”，并统一于“一国”之内。

（3）习近平指出：“一国”是根，根深才能叶茂；“一国”是本，本固才能枝荣。

（4）“一国”原则愈坚固，“两制”优势就愈彰显；“一国”底线越牢，“两制”空间就越大。

（5）“一国”之内的“两制”并非等量齐观、比肩并列，国家的主体必须实行社会主义制度。社会主义制度是中华人民共和国的根本制度，中国共产党领导是中国特色社会主义最本质的特征，特别行政区所有居民应该自觉尊重和维护国家的根本制度。在这个前提下，从实际出发，充分照顾到港澳地区的历史和现实情况，允许其保持资本主义制度长期不变。

三、论述题（本大题共 1 小题，共 15 分）

31. 答：（1）把握两岸关系主导权和主动权，推动两岸关系朝着正确方向发展，必须坚持一个中国原则和“九二共识”，坚决反对“台独”分裂行径，坚决反对外部势力干涉。

（2）“和平统一、一国两制”方针是实现两岸统一的最佳方式。“和平统一、一国两制”，既充分考虑台湾现实情况，又有利于统一后台湾长治久安，对两岸同胞和全民族最有利。

（3）促进两岸经济文化交流合作，深化两岸各领域融合发展。积极推进两岸经济合作制度化，打造两岸共同市场，壮大中华民族经济。

（4）坚持以最大诚意、尽最大努力争取和平统一的前景，但决不承诺放弃使用武力。确保国家主权和领土完整是国家核心利益，是一条不可逾越的红线。我们有坚定的意志、充分的信心、足够的能力挫败任何形式的“台独”分裂图谋。绝不允许任何人、任何组织、任何政党、在任何时候、以任何形式、把任何一块中国领土从中国分裂出去。

全国高等教育自学考试
习近平新时代中国特色社会主义思想概论
模拟试卷（十五）

（课程代码　**15040**）

注意事项：

1. 本试卷分为两部分，第一部分为选择题，第二部分为非选择题。

2. 应考者必须按试题顺序在答题卡指定位置上作答，答在试卷上无效。

3. 涂写部分、画图部分必须使用 2B 铅笔，书写部分必须使用黑色字迹签字笔。

第一部分　选择题（50 分）

一、单项选择题： 本大题共 25 小题，每小题 2 分，共 50 分。在每小题列出的备选项中只有一项是最符合题目要求的，请将其选出。

1. 下列属于中国共产党人的境界格局的是（　　）。

A. 坚持胸怀天下　　B. 坚持守正创新

C. 坚持自信自立　　D. 坚持人民至上

2. 关乎党和国家前途命运、党和人民事业成败的根本性问题是（　　）。

A. 坚强的领导核心和把准政治方向

B. 坚强的领导核心和科学的理论指导

C. 把准政治方向和科学的理论指导

D. 坚定政治立场和科学的理论指导

3. 中国共产党领导人民长期探索和实践的重大成果是（　　）。

A. 依法治国　　B. 中国式现代化

C. 改革开放　　D. 新发展理念

4. 维护党中央权威和集中统一领导，最关键的是（　　）。

A. 坚决维护习近平总书记党中央的核心、全党的核心地位

B. 民主集中制

C. 多党合作协商

D. 政治领导

5. 坚持人民立场，就要（　　）。

A. 热爱人民、尊重人民、敬畏人民

B. 热爱人民、回报人民、敬畏人民

C. 热爱人民、尊重人民、回报人民

D. 团结人民、尊重人民、敬畏人民

6. 引领我国发展全局深刻变革的科学指引是（　　）。

A. 新发展理念　　B. 发展意识

C. 发展观点　　D. 发展内容

7. 作出构建高水平社会主义市场经济体制的战略部署的是（　　）。

A. 党的十七大　　B. 党的十八大

C. 党的十九大　　D. 党的二十大

8. 教育无论发展到什么程度，第一位的是（　　）。

A. 铸魂育人　　B. 以文化人

C. 立德树人　　D. 培根铸魂

9. 人民当家作主和依法治国的根本保证是（　　）。

A. 宪法　　B. 社会主义路线

C. 人民代表大会制度　　D. 党的领导

10. 彰显了人民当家作主的广泛性、真实性、有效性的是（　　）。

A. 基层民主　　B. 协商民主

C. 全过程人民民主　　D. 选举民主

11. 通过《中共中央关于全面推进依法治国若干重大问题的决定》，规划了全面依法治国的总蓝图、路线图、施工图的是（　　）。

A. 党的十八大　　B. 党的十八届三中全会

C. 党的十八届四中全会　　D. 党的十九大

12. 文化的本质特征是（　　）。

A. 创新创造　　B. 活力

C. 先进性　　D. 科学性

13. 为国家立心、为民族立魂的工作是（　　）。

A. 意识形态工作　　B. 思想建设

C. 文化建设　　D. 政治建设

14. 党的十八大报告提出要积极培育和践行社会主义核心价值观，其中从个人层面对社会主义基本理念的凝练表达是（　　）。

A. 富强、民主、文明、和谐　　B. 自由、平等、公正、法治

C. 爱国、敬业、诚信、友善　　D. 创新、包容、开放、进取

15. 决定了国土不可分、国家不可乱、民族不可散、文明不可断的共同信念的是中华文明的（　　）。

A. 连续性特性　　B. 统一性特性

C. 包容性特性　　D. 和平性特性

16. 一个国家文化软实力，从根本上取决于其的（　　）。

A. 生命力、凝聚力、推动力　　B. 生命力、凝聚力、感召力

C. 生命力、凝聚力、影响力　　D. 生命力、凝聚力、自信力

17. 自然保护地体系的主体是（　　）。

A. 国家公园　　B. 自然公园

C. 国家森林　　D. 国家草原

18. 民族复兴的根基是（　　）。

A. 社会稳定　　B. 经济发展

C. 生活富裕　　D. 国家安全

19. 当今世界，时代的主题是（　　）。

A. 战争与和平　　B. 和平与发展

C. 反战与博弈　　D. 改革与创新

20. 在强军目标的科学内涵中，听党指挥是（　　）。

A. 灵魂　　B. 核心

C. 保证　　D. 方法

21. 在党领导军队的一整套制度体系中处于最高层次、居于统领地位的是（　　）。

A. 军委主席负责制　　B. 党委制

C. 政治委员制　　D. 政治机关制

22. 2022 年 4 月，习近平提出全球安全倡议的是在（　　）。

A. 博鳌亚洲论坛年会　　B. 世界经济论坛年会

C. 金砖国家领导人峰会　　D. “二十国”集团峰会

23. 全面从严治党，关键在（　　）。

A. 治　　B. 全面

C. 加强党的领导　　D. 严

24. 党的基础性建设是（　　）。

A. 党的思想建设　　B. 党的制度建设

C. 党的政治建设　　D. 党的作风建设

25. 反腐倡廉的核心是（　　）。

A. 权力制约和监督权力　　B. 制度制约和监督权力

C. 监督权力和制度保障　　D. 依法监督和制度制约

二、简答题（本大题共 5 小题，每小题 7 分，共 35 分）

26. 全面深化改革主要围绕哪些领域进行改革？

27. 我国现代化经济体系的内容是什么？

28. 为什么说全过程人民民主是社会主义民主政治的伟大创造？

29. 简述我国的根本政治制度和基本政治制度。

30. 简述中国特色社会主义法治道路的核心要义。

三、论述题（本大题共 1 小题，共 15 分）

31. 结合材料回答问题：

宪法与国家前途、人民命运息息相关。维护宪法权威，就是维护党和人民共同意志的权威。捍卫宪法尊严，就是捍卫党和人民共同意志的尊严。保证宪法实施，就是保证人民根本利益的实现。

——习近平在首都各界纪念现行宪法公布施行 30 周年大会上的讲话（2012 年 12 月 4 日）

如何理解坚持依宪治国、依法执政？

全国高等教育自学考试
习近平新时代中国特色社会主义思想概论
模拟试卷（十五）
参考答案

（课程代码　**15040**）

一、单项选择题（本大题共25小题，每小题2分，共50分）

1. A	2. B	3. B	4. A	5. A	6. A	7. D	8. C	9. D
10. A	11. C	12. A	13. A	14. C	15. B	16. B	17. A	18. D
19. B	20. A	21. A	22. A	23. D	24. A	25. B		

二、简答题（本大题共5小题，每小题7分，共35分）

26. 答：（1）紧紧围绕使市场在资源配置中起决定性作用和更好发挥政府作用，深化经济体制改革。

（2）紧紧围绕坚持党的领导、人民当家作主、依法治国有机统一，深化政治体制改革。

（3）紧紧围绕建设社会主义核心价值体系、社会主义文化强国，深化文化体制改革。

（4）紧紧围绕更好保障和改善民生、促进社会公平正义，深化社会体制改革。

（5）紧紧围绕建设美丽中国，深化生态文明体制改革。

（6）紧紧围绕提高科学执政、民主执政、依法执政水平，深化党的建设制度改革。

27. 答：（1）建设创新引领、协同发展的产业体系。

（2）建设统一开放、竞争有序的市场体系。

（3）建设体现效率、促进公平的收入分配体系。

（4）建设彰显优势、协调联动的城乡区域发展体系。

（5）建设资源节约、环境友好的绿色发展体系。

（6）建设多元平衡、安全高效的全面开放体系。

（7）建设充分发挥市场作用、更好发挥政府作用的经济体制。

28. 答：全过程人民民主植根于我国社会主义民主的长期实践，是中国特色社会主义民主政治理论和实践的重大成果。

全过程人民民主是新时代我国民主政治领域具有重大创新意义的标志性成果。

（1）全过程人民民主是过程民主和成果民主的统一。

（2）全过程人民民主是程序民主和实质民主的统一。

（3）全过程人民民主是直接民主和间接民主的统一。

（4）全过程人民民主是人民民主和国家意志的统一。

29. 答：

根本政治制度：人民代表大会制度是我国的根本政治制度，是符合我国国情和实际、体现社会主义国家性质、保证人民当家作主、保障实现中华民族伟大复兴的好制度，是我们党领导人民在人类政治制度史上的伟大创造。

基本政治制度：中国共产党领导的多党合作和政治协商制度、民族区域自治制度、基层群众自治制度构成了我国的基本政治制度，反映了我国社会主义民主政治的独特优势，是保障各政党、各阶层、各民族和基层人民群众当家作主的重要基础。

30. 答：中国特色社会主义法治道路的核心要义，就是要坚持党的领导，坚持中国特色社会主义制度，贯彻中国特色社会主义法治理论。党的领导是中国特色社会主义最本质的特征，是社会主义法治最根本的保证。中国特色社会主义制度是中国特色社会主义法治体系的根本制度基础，是全面推进依法治国的根本制度保障。中国特色社会主义法治理论是中国特色社会主义法治体系的理论指导和学理支撑，是全面推进依法治国的行动指南。这三个方面规定和确保了中国特色社会主义法治体系的制度属性和前进方向。

三、论述题（本大题共 1 小题，共 15 分）

31. 答：

习近平强调："坚持依法治国首先要坚持依宪治国，坚持依法执政首先要坚持依宪执政。"建设社会主义法治国家，必须高度重视宪法在治国理政中的重要地位和作用，坚持依宪治国、依宪执政，把全面贯彻实施宪法作为首要任务。

（1）坚持依宪治国、依宪执政，必须坚持党的领导地位和我国国体、政体不动摇。我国宪法以国家根本法的形式，确认了中国共产党领导人民进行革命、建设、改革的伟大斗争和根本成就，确立了国家的根本任务、指导思想、领导核心、发展道路、奋斗目标，规定了一系列基本政治制度和重要原则，规定了国家一系列大政方针，体现出鲜明的社会主义性质。

（2）坚持依宪治国、依宪执政，必须全面贯彻实施宪法。加强宪法实施，必须坚持维护宪法权威和尊严。

全国高等教育自学考试
习近平新时代中国特色社会主义思想概论
模拟试卷（十六）

（课程代码　15040）

注意事项：

1. 本试卷分为两部分，第一部分为选择题，第二部分为非选择题。

2. 应考者必须按试题顺序在答题卡指定位置上作答，答在试卷上无效。

3. 涂写部分、画图部分必须使用2B铅笔，书写部分必须使用黑色字迹签字笔。

第一部分　选择题（50分）

一、单项选择题：本大题共25小题，每小题2分，共50分。在每小题列出的备选项中只有一项是最符合题目要求的，请将其选出。

1. 中国特色社会主义之所以是社会主义，而不是其他什么主义，就是因为我们始终坚持科学社会主义基本原则，并根据新的时代条件（　　）。

A. 传承中国传统文化　　B. 学习人类文明成果

C. 赋予其鲜明的中国特色　　D. 借鉴国外现代化发展的模式

2. 我们党作出中国特色社会主义进入新时代重大判断的基本依据是（　　）。

A. 我国社会主要矛盾的变化　　B. 我国主要任务的变化

C. 中国与世界关系发生变化　　D. 世界格局发生变化

3. 依据全面建成社会主义现代化强国的战略安排，到 2035 年要实现的目标是（　　）。

A. 全面建成小康社会　　B. 基本实现社会主义现代化

C. 基本实现共富富裕　　D. 建成社会主义现代化强国

4. 中国特色社会主义制度的最大优势是（　　）。

A. 中国共产党领导　　B. 有事多商量

C. 集中力量办大事　　D. 有事好商量

5. 党的生命线和根本工作路线是（　　）。

A. 组织路线　　B. 群众路线

C. 思想路线　　D. 干部路线

6. 决定实现“两个一百年”奋斗目标、实现中华民族伟大复兴的关键一招是（　　）。

A. 创新驱动　　B. 市场经济

C. 宏观调控　　D. 改革开放

7. 牢牢把握全面深化改革开放的正确政治方向，最核心的是（　　）。

A. 解放和增强社会活力

B. 贯彻新发展理念、构建新发展格局

C. 进一步解放思想、进一步解放和发展社会生产力

D. 坚持和改善党的领导、坚持和完善中国特色社会主义制度

8. 下列选项中，属于新发展理念的是（　　）。

A. 平衡发展　　B. 普惠发展

C. 包容发展　　D. 协调发展

9. 下列课程中，落实立德树人根本任务的关键课程是（　　）。

A. 艺术课程　　B. 通识课程

C. 思想政治理论课程　　D. 体育课程

10. 当今时代，推动社会发展最活跃、最积极的因素是（　　）。

A. 经济实力　　B. 综合国力

C. 人才　　D. 科技

11. 新闻舆论工作的根本原则是（　　）。

A. 党管媒体原则　　B. 党管宣传原则

C. 党管意识形态原则　　D. 党性原则

12. 从根本上决定了中华民族交往交流交融的历史取向的是中华文明的（　　）。

A. 连续性特性　　B. 创新性特性

C. 包容性特性　　D. 统一性特性

13. 下列不属于文艺工作者的神圣职责的是（　　）。

A. 弘扬中国精神　　B. 传播中国价值

C. 凝聚中国力量　　D. 发扬中国传统

14. 民生之源是（　　）。

A. 收入分配　　B. 充分就业

C. 社会保险　　D. 住房保障

15. 习近平在中央国家安全委员会第一次会议上首次提出总体国家安全观，强调必须坚持总体国家安全观，走出一条中国特色国家安全道路的是在（　　）。

A. 2014 年 4 月 15 日　　B. 2015 年 4 月 15 日

C. 2016 年 4 月 15 日　　D. 2017 年 4 月 15 日

16. “客观地设定最低目标，立足最低点，争取最大期望值”的思维方法是（　　）。

A. 战略思维　　B. 历史思维

C. 创新思维　　D. 底线思维

17. 我军鲜明特色和政治优势是（　　）。

A. 作风优良　　B. 政治合格

C. 军事过硬　　D. 能打胜仗

18. 人民军队的生命力在于（　　）。

A. 打击力　　B. 活动力

C. 执行力　　D. 战斗力

19. 我们党根据时代发展潮流和我国根本利益作出的战略抉择是（　　）。

A. 坚持以人民为中心　　B. 坚持合作共赢

C. 构建人类命运共同体　　D. 坚持走和平发展道路

20. 对中国与世界实现开放共赢路径的顶层设计是（　　）。

A. 共建“金砖国家”　　B. 共建“新兴国家经济体”

C. 共建“联合国发展战略”　　D. 共建“一带一路”

21. 全面从严治党，核心是（　　）。

A. 加强党的领导　　B. 全面

C. 党的自身建设　　D. 整体

22. 最彻底的自我革命是（　　）。

A. 反腐败　　B. 党内监督

C. 全面从严治党　　D. 廉政教育

23. 勇于自我革命就要同一切影响党的先进性、弱化党的纯洁性的问题作坚决斗争，实现自我净化、自我完善、自我革新和（　　）。

A. 自我创新　　B. 自我发展

C. 自我巩固　　D. 自我提高

24. 新时代党的建设的鲜明主题是（　　）。

A. 调动积极性　　B. 全面从严治党

C. 调动主动性　　D. 真抓敢抓狠抓

25. 党长期执政面临的最大威胁是（　　）。

A. 腐败　　B. 不思进取

C. 能力不足　　D. 贪图享受

第二部分　非选择题（50 分）

二、简答题（本大题共 5 小题，每小题 7 分，共 35 分）

26. 简述推进中国式现代化需要牢牢把握的重大原则。

27. 为什么说党的领导制度是一个系统完备、内涵丰富的制度体系？

28. 如何建设更高水平的平安中国？

29. 简述新时代党解决台湾问题的总体方略的意义。

30. 为什么要把党的政治建设摆在首位？

三、论述题（本大题共 1 小题，共 15 分）

31. 结合材料答问题：

在新中国成立特别是改革开放以来长期探索和实践基础上，经过十八大以来在理论和实践上的创新突破，我们党成功推进和拓展了中国式现代化。

中国式现代化，是中国共产党领导的社会主义现代化，既有各国现代化的共同特征，更有基于自己国情的中国特色。

——摘自《习近平著作选读》第一卷，人民出版社 2023 年版，第 18 页。

试述中国式现代化的中国特色。

全国高等教育自学考试
习近平新时代中国特色社会主义思想概论
模拟试卷（十六）
参考答案

（课程代码　**15040**）

一、单项选择题（本大题共25小题，每小题2分，共50分）

1. C　2. A　3. D　4. A　5. B　6. D　7. D　8. D　9. C

10. C　11. D　12. C　13. D　14. A　15. A　16. D　17. A　18. D

19. D　20. D　21. A　22. A　23. D　24. B　25. A

二、简答题（本大题共5小题，每小题7分，共35分）

26. 答：

推进中国式现代化需要牢牢把握的重大原则包括：

（1）坚持和加强党的全面领导；

（2）坚持中国特色社会主义道路；

（3）坚持以人民为中心的发展思想；

（4）坚持深化改革开放；

（5）坚持发扬斗争精神。

27. 答：党的领导制度是一个系统完备、内涵丰富的制度体系，主要涵盖六个方面的制度。

（1）建立不忘初心、牢记使命的制度，形成长效机制，为坚持和完善党的领导制度体系奠定坚实基础；

（2）完善坚定维护党中央权威和集中统一领导的各项制度，坚决把维护习近平总书记党中央的核心、全党的核心地位落到实处，明确这一制度体系必须坚持的最高原则；

（3）健全党的全面领导制度，确保党在各种组织中发挥领导作用，是这一制度体系的主体内容；

（4）健全为人民执政、靠人民执政各项制度，巩固党执政的阶级基础，厚植党执政的群众基础，反映这一制度体系的价值追求；

（5）健全提高党的执政能力和领导水平制度，提高党把方向、谋大局、定政策、促改革的能力，体现这一制度体系的实践要求；

（6）完善全面从严治党制度，贯彻新时代党的建设总要求，为坚持和完善这一制度体系提供坚强保证。

这六个方面的制度彼此支撑、相互联系，共同构筑了党的领导制度体系大厦，是坚持和加强党对一切工作领导的根本制度保障。

28. 答：建设平安中国，是全面建设社会主义现代化国家的重要内容和重要保障。要准确把握平安中国建设面临的新形势新任务，全面提升平安中国建设科学化、社会化、法治化、智能化水平，努力建设治理效能更强、安全稳定局面更巩固、人民更满意的平安中国。

（1）努力建设治理效能更强的平安中国。

（2）努力建设安全稳定局面更巩固的平安中国。社会更加安全稳定有序，是检验更高水平的平安中国建设成效的重要标志。

（3）努力建设人民更满意的平安中国。

29. 答：

新时代党解决台湾问题的总体方略如下：（1）科学回答了在民族复兴伟大进程中实现祖国完全统一的时代命题。

（2）标志着我们党的国家统一理论更加成熟。

（3）是我们党解决台湾问题、实现祖国统一的最新理论成果。

（4）是新时代新征程推进祖国统一大业的科学指南和行动纲领，必须长期坚持、全面贯彻。

30. 答：把政治建设纳入党的建设总体布局并摆在首位，是新时代我们党对马克思主义党建理论的重大创新，体现了我们党对共产党执政规律的深刻认识，有着充分的理论和实践依据。

（1）理论依据：旗帜鲜明讲政治是我们党作为马克思主义政党的根本要求。马克思主义政党具有崇高政治理想、高尚政治追求、纯洁政治品质、严明政治纪律。如果马克思主义政党政治上的先进性丧失了，党的先进性和纯洁性就无从谈起。

（2）实践依据：从全面从严治党的实践看，党的政治建设决定党的建设方向和效果，不抓党的政治建设或背离党的政治建设指引的方向，党的其他建设就难以取得预期成效。党内存在的很多问题都同政治问题相关联，都是因为党的政治建设没有抓紧、没有抓实。只有党的政治建设抓好了，党的政治方向、政治立场、政治大局把握住了，党的政治能力提高了，党的建设才能夯基固本。

三、论述题（本大题共 1 小题，共 15 分）

31. 答：（1）中国式现代化是人口规模巨大的现代化。我国全体人民整体迈进现代化，人口规模超过现有发达国家的总和，将极大改变现代化的世界版图。必须始终从具体国情出发想问题、作决策、办事情，既不好高骛远，也不因循守旧，保持历史耐心，坚持稳中求进、循序渐进、持续推进。

（2）中国式现代化是全体人民共同富裕的现代化。这是中国式现代化区别于西方现代化的显著标志。必须把实现人民对美好生活的向往作为现代化建设的出发点和落脚点，在推动高质量发展的同时，解决好地区差距、城乡差距、收入分配差距，着力维护和促进社会公平正义，坚决防止两极分化。

（3）中国式现代化是物质文明和精神文明相协调的现代化。物质富足、精神富有是社会主义现代化的根本要求。中国式现代化既要物质财富极大丰富，也要精神财富极大丰富、在思想文化上自信自强。必须坚持“两手抓、两手硬”，不断厚植现代化的物质基础，不断夯实人民幸福生活的物质条件，同时大力发展社会主义先进文化，加强理想信念教育，传承中华文明，促进物的全面丰富和人的全面发展。

（4）中国式现代化是人与自然和谐共生的现代化。必须牢固树立和践行“绿水青山就是金山银山”的理念，坚持节约优先、保护优先、自然恢复为主的方针，像保护眼睛一样保护自然和生态环境，坚定不移走生产发展、生活富裕、生态良好的文明发展道路，实现中华民族永续发展。

（5）中国式现代化是走和平发展道路的现代化。中国式现代化坚持独立自主、自力更生，依靠全体人民的辛勤劳动和创新创造发展壮大自己。必须始终高举和平、发展、合作、共赢旗帜，奉行互利共赢的开放战略，为广大发展中国家提供力所能及的支持和帮助，以中国新发展为世界提供新机遇。

全国高等教育自学考试
习近平新时代中国特色社会主义思想概论
模拟试卷（十七）

（课程代码　**15040**）

注意事项：

1. 本试卷分为两部分，第一部分为选择题，第二部分为非选择题。

2. 应考者必须按试题顺序在答题卡指定位置上作答，答在试卷上无效。

3. 涂写部分、画图部分必须使用2B铅笔，书写部分必须使用黑色字迹签字笔。

第一部分　选择题（50分）

一、单项选择题：本大题共25小题，每小题2分，共50分。在每小题列出的备选项中只有一项是最符合题目要求的，请将其选出。

1. 全党全国各族人民为实现中华民族伟大复兴而奋斗的行动指南是（　　）。

A. “一个中心，两个基本点”

B. 习近平新时代中国特色社会主义思想

C. 科学发展观

D. 党的领导

2. 下列关于“两个维护”，正确的是（　　）。

A. 坚决维护党中央权威和集中统一领导

B. 坚决维护全面从严治党

C. 坚决维护改革开放

D. 坚决维护社会主义道路

3. 下列论述正确的是（　　）。

（1）只有社会主义才能救中国

（2）只有社会主义才能发展中国

（3）只有坚持和发展中国特色社会主义才能实现中华民族伟大复兴

（4）理论问题是关系党的事业兴衰成败第一位的问题

（5）中国特色社会主义是适应中国和时代发展进步要求的科学社会主义

A.（1）（2）（3）（4）　　B.（2）（3）（4）（5）

C.（1）（2）（4）（5）　　D.（1）（2）（3）（5）

4. 下列属于最大的政治的是（　　）。

A. 民心　　B. 就业

C. 人民　　D. 民主

5. 依靠人民创造历史伟业，必须尊重（　　）。

A. 人民主体地位　　B. 党的领导

C. 人民民主权利　　D. 人民群众

6. 永续发展的必要条件和人民对美好生活追求的重要体现是（　　）。

A. 创新　　B. 协调

C. 绿色　　D. 共享

7. 马克思主义政治经济学认为，分配决定于（　　）。

A. 发展　　B. 消费

C. 生产　　D. 制度

8. 实施乡村振兴战略，总目标是（　　）。

A. 产业兴旺、生活富裕　　B. 生态宜居、乡风文明

C. 城乡发展一体化　　D. 农业农村现代化

9. 中国共产党夺取革命、建设、改革事业胜利的重要法宝是（　　）。

A. 统一战线　　B. 群众路线

C. 政策问题　　D. 理论问题

10. 全面依法治国的唯一正确道路是（　　）。

A. 社会主义道路

B. 中国特色社会主义道路

C. 中国特色社会主义政治发展道路

D. 中国特色社会主义法治道路

11. 中华民族精神的核心是（　　）。

A. 国际主义　　B. 集体主义

C. 爱国主义　　D. 英雄主义

12. 坚定“四个自信”，中国共产党和中国人民有着深厚的根基和底气。在“四个自信”中，更基础、更广泛、更深厚的自信是（　　）。

A. 道路自信　　B. 文化自信

C. 理论自信　　D. 制度自信

13. 下列属于中国特色社会主义新时代铸就的伟大精神的是（　　）。

A. 脱贫攻坚精神　　B. 延安精神

C. “两弹一星”精神　　D. 大庆精神

14. 解决民生问题的“总钥匙”是（　　）。

A. 和谐　　B. 共享

C. 发展　　D. 稳定

15. “草木植成，国之富也”蕴含的理念是（　　）。

A. 天人合一　　B. 发展是硬道理

C. 道法自然　　D. 绿水青山就是金山银山

16. 山水林田湖草沙是一个生命共同体，这一论断体现的思维方式是（　　）。

A. 系统思维　　B. 底线思维

C. 历史思维　　D. 极限思维

17. 增进民生福祉是社会主义生产的（　　）。

A. 根本目的　　B. 唯一出路

C. 重要内容　　D. 必要途径

18. 改善民生、实现发展成果由人民共享最重要最直接的方式是（　　）。

A. 收入分配　　B. 充分就业

C. 社会保险　　D. 住房保障

19. 保障和改善民生的重要方针是（　　）。

A. 尽力而为、量力而行　　B. 尽力而行、量力而为

C. 放心大胆、尽力而为　　D. 放心大胆、量力而行

20. 在强军目标的科学内涵中，作风优良是（　　）。

A. 灵魂　　B. 核心

C. 保证　　D. 方法

21. 中国外交的力量源泉是（　　）。

A. 和平外交　　B. 经济外交

C. 大国外交　　D. 人民外交

22. 习近平在第七十六届联合国大会上提出全球发展倡议是在（　　）。

A. 2019 年 8 月　　B. 2020 年 7 月

C. 2021 年 9 月　　D. 2022 年 6 月

23. 党和国家各项事业发展的根本政治保证是（　　）。

A. 人民当家作主　　B. 全面依法治国

C. 党的领导　　D. 坚持走和平发展道路

24. 党的作风问题核心是（　　）。

A. 党同人民群众的关系问题　　B. 党内同志的关系问题

C. 提高工作效率的问题　　D. 工作能力的问题

25. 中国共产党区别于其他政党的显著标志是（　　）。

A. 党的领导　　B. 走中国特色社会主义道路

C. 人民民主专政　　D. 勇于自我革命

第二部分　非选择题（50分）

二、简答题（本大题共5小题，每小题7分，共35分）

26. “两个确立”是党在新时代取得的重大政治成果。怎样深刻领悟“两个确立”的决定性意义？

27. 如何理解人民对美好生活的向往就是党的奋斗目标？

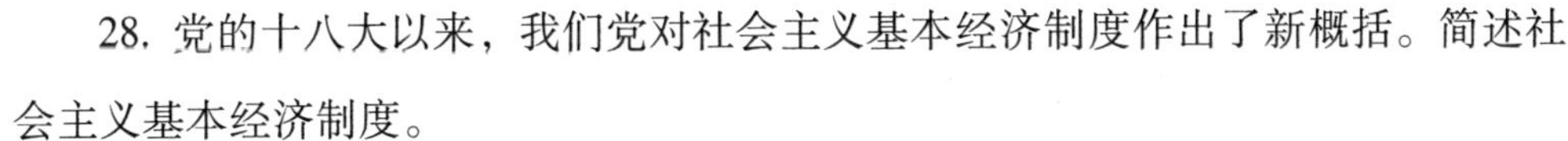

28. 党的十八大以来，我们党对社会主义基本经济制度作出了新概括。简述社会主义基本经济制度。

29. 如何理解推进国家安全体系和能力现代化?

30. 简述推进国防和军队现代化的战略安排。

三、论述题（本大题共 1 小题，共 15 分）

31. 结合材料回答问题：

生活过得好不好，人民群众最有发言权。要从人民群众普遍关注、反映强烈、反复出现的问题出发，拿出更多改革创新举措，把就业、教育、医疗、社保、住房、养老、食品安全、生态环境、社会治安等问题一个一个解决好，努力让人民群众的获得感成色更足、幸福感更可持续、安全感更有保障。

——习近平在深圳经济特区建立 40 周年庆祝大会上的讲话（2020 年 10 月 14 日）

怎样理解坚持在发展中增进民生福祉？

全国高等教育自学考试
习近平新时代中国特色社会主义思想概论
模拟试卷（十七）
参考答案

（课程代码　**15040**）

一、单项选择题（本大题共25小题，每小题2分，共50分）

1. B　2. A　3. D　4. A　5. A　6. C　7. C　8. D　9. A

10. D　11. C　12. B　13. A　14. C　15. D　16. A　17. A　18. A

19. A　20. C　21. D　22. C　23. C　24. A　25. D

二、简答题（本大题共5小题，每小题7分，共35分）

26. 答：（1）党的十八大以来，以习近平同志为核心的党中央统筹中华民族伟大复兴战略全局和世界百年未有之大变局，团结带领全党全军全国各族人民全面贯彻党的基本理论、基本路线、基本方略，采取一系列战略性举措，推进一系列变革性实践，实现一系列突破性进展，取得一系列标志性成果，经受住了来自政治、经济、意识形态、自然界等方面的风险挑战考验，党和国家事业取得历史性成就、发生历史性变革，推动我国迈上全面建设社会主义现代化国家新征程。

（2）新时代的伟大变革，是在以习近平同志为核心的党中央坚强领导下、在习近平新时代中国特色社会主义思想指引下全党全军全国各族人民团结奋斗取得的。在新时代伟大征程中，习近平作为党、国家和军队的最高领导人，在风云变幻中举旗定向、掌舵领航，在大战大考中指挥若定、运筹帷幄，在惊涛骇浪中力挽狂澜、砥柱中流，赢得了全党全军全国各族人民衷心拥护，受到了国际社会高度赞誉；习近平新时代中国特色社会主义思想，植根于新时代坚持和发展中国特色社会主义的伟大实践，坚持理论指导和实践探索相统一，在指导实践、推动实践中展现出巨大真理力量和独特思想魅力，是经过实践检验、富有实践伟力的强大思想武器。

（3）新时代的伟大实践充分证明，“两个确立”是新时代党和国家事业取得历史性成就、发生历史性变革的决定性因素，是党和人民应对一切不确定性的最大确定性、最大底气、最大保证。“两个确立”已经写在了新时代的伟大征程上、写在了全党全军全国各族人民的心坎上，必须倍加珍惜、坚定维护、长期坚持。

27. 答：（1）人民对美好生活的向往就是党的奋斗目标，这体现了我国社会主要矛盾转化对党和国家工作的新要求。

（2）进入新时代，我国社会主要矛盾发生了转化，人民的美好生活需要呈现出多样化、多层次、多方面的特点。人民群众更加关心食品安不安全、暖气热不热、雾霾能不能少一点、河湖能不能清一点、精神文化生活能不能更丰富、就业机会能不能更多、收入能不能更高等问题，并且对幼有所育、学有所教、劳有所得、病有所医、老有所养、住有所居、弱有所扶有了更高的期盼，对民主、法治、公平、正义、安全、环境等问题提出了更高的要求，人民的美好生活需要有了更加丰富更加深刻的时代内涵。

（3）从“人民对美好生活的向往，就是我们的奋斗目标”的庄严宣示，到“不断把人民对美好生活的向往变为现实”的坚定决心，我们党坚持以人民为中心的价值追求始终如一。必须牢牢把握我国社会主要矛盾的新变化，顺应人民对高品质生活的新期待，在高质量发展中努力为人民创造更美好、更幸福的生活。

28. 答：党的十八大以来，以习近平同志为核心的党中央着眼于更好发挥社会主义制度优越性、推动高质量发展，对社会主义基本经济制度作出新概括，将公有制为主体、多种所有制经济共同发展，按劳分配为主体、多种分配方式并存，社会主义市场经济体制等共同作为社会主义基本经济制度。

29. 答：

必要性：国家安全体系和能力是国家安全制度及其执行能力的集中体现。推进国家安全体系和能力现代化，是新时代维护国家安全的迫切要求，也是推进国家治理体系和治理能力现代化的重要工程。

要求：（1）健全完善国家安全体系。健全国家安全体系、加强国家安全制度建设，是保障国家安全的治本之策，是维护和塑造国家安全的重要支撑。

（2）增强维护国家安全能力。国家安全能力建设具有基础性、根本性、长期性的意义。

30. 答：

党的十九大提出：

（1）确保到2020年基本实现机械化，信息化建设取得重大进展，战略能力有大的提升；

（2）力争到2035年基本实现国防和军队现代化；

（3）到本世纪中叶把人民军队全面建成世界一流军队。

三、论述题（本大题共1小题，共15分）

31. 答：（1）发展是解决民生问题的“总钥匙”，民生是发展的“指南针”。要在发展过程中始终注重民生、保障民生、改善民生，根据经济发展和财力状况，逐步提高人民生活水平，让群众得到更多看得见、摸得着的实惠，不断厚植民生福祉。

（2）正确把握民生和发展的关系，是保障和改善民生的重要前提。发展是改善民生的物质基础，离开发展谈改善民生是无源之水、无本之木。

（3）坚守底线、突出重点、完善制度、引导预期，是保障和改善民生的工作思路。

（4）解决人民群众最关心最直接最现实的利益问题，是保障和改善民生的重中之重。

（5）坚持尽力而为、量力而行，是保障和改善民生的重要方针。

（6）坚持人人尽责、人人享有，让所有劳动者在推动发展中分享发展成果，是保障和改善民生的重要原则。

第二部分
考试真题

2024 年 10 月全国高等教育自学考试习近平新时代中国特色社会主义思想概论试卷

（课程代码 15040）

注意事项：

1. 本试卷分为两部分，第一部分为选择题，第二部分为非选择题。

2. 应考者必须按试题顺序在答题卡指定位置上作答，答在试卷上无效。

3. 涂写部分、画图部分必须使用 2B 铅笔，书写部分必须使用黑色字迹签字笔。

第一部分 选择题（50 分）

一、单项选择题：本大题共 25 小题，每小题 2 分，共 50 分，在每小题列出的备选项中只有一项是符合题目要求的，请将其选出。

1. 中国特色社会主义之所以是社会主义而不是其他什么主义，就是因为我们始终坚持科学社会主义基本原则，并根据新的时代条件（　　）。

A. 传承中国传统文化　　B. 学习人类文明成果

C. 赋予其鲜明的中国特色　　D. 借鉴国外现代化发展的模式

2. 我们党作出中国特色社会主义进入新时代重大判断的基本依据是（　　）。

A. 我国社会主要矛盾的变化　　B. 我国主要任务的变化

C. 中国与世界关系发生变化　　D. 世界格局发生变化

3. 依据全面建成社会主义现代化强国“两步走”的战略安排，到 2035 年要实现的目标是（　　）。

A. 全面建成小康社会　　B. 基本实现社会主义现代化

C. 基本实现共富富裕　　D. 建成社会主义现代化强国

4. 中国特色社会主义制度的最大优势是（　　）。

A. 中国共产党领导　　B. 有事多商量

C. 集中力量办大事　　D. 有事好商量

5. 党的生命线和根本工作路线是（　　）。

A. 组织路线　　B. 群众路线

C. 干部路线　　D. 思想路线

6. 决定实现“两个一百年”奋斗目标、实现中华民族伟大复兴的关键一招是（　　）。

A. 市场经济　　B. 创新驱动

C. 宏观调控　　D. 改革开放

7. 牢牢把握全面深化改革开放的正确政治方向，最核心的是（　　）。

A. 解放和增强社会活力

B. 贯彻新发展理念、构建新发展格局

C. 进一步解放思想、进一步解放和发展社会生产力

D. 坚持和改善党的领导、坚持和完善中国特色社会主义制度

8. 下列选项中，属于新发展理念的是（　　）。

A. 平衡发展　　B. 普惠发展

C. 包容发展　　D. 协调发展

9. 下列课程中，落实立德树人根本任务的关键课程是（　　）。

A. 艺术课程　　B. 通识课程

C. 思想政治理论课程　　D. 体育课程

10. 当今时代，推动社会发展最活跃、最积极的因素是（　　）。

A. 综合国力　　B. 经济实力

C. 人才　　D. 科技

11. 中华民族精神的核心是（　　）。

A. 集体主义　　B. 国际主义

C. 爱国主义　　D. 英雄主义

12. 坚定“四个自信”，中国共产党和中国人民有着深厚的根基和底气。在“四个自信”中，更基础、更广泛、更深厚的自信是（　　）。

A. 道路自信　　B. 文化自信

C. 理论自信　　D. 制度自信

13. 下列选项中，属于中国特色社会主义新时代铸就的伟大精神的是（　　）。

A. 脱贫攻坚精神　　B. 延安精神

C.“两弹一星”精神　　D. 大庆精神

14. 解决民生问题的“总钥匙”是（　　）。

A. 和谐　　B. 共享

C. 发展　　D. 稳定

15.“草木植成，国之富也”蕴含的理念是（　　）。

A. 天人合一　　B. 发展是硬道理

C. 道法自然　　D. 绿水青山就是金山银山

16. 山水林田湖草沙是一个生命共同体，该论断体现的思维方式是（　　）。

A. 系统思维　　B. 底线思维

C. 历史思维　　D. 极限思维

17. 在总体国家安全观中处于基础地位的是（　　）。

A. 外部安全　　B. 经济安全

C. 极地安全　　D. 科技安全

18. 政治安全与人民安全、国家利益至上有机统一，其中国家利益至上是（　　）。

A. 保障政治安全和人民安全的唯一前提

B. 促进政治安全和人民安全的重要依托

C. 维护政治安全和人民安全的根本保证

D. 实现政治安全和人民安全的要求和原则

19. 在新时代强军目标中，决定军队建设政治方向的是（　　）。

A. 光荣传统　　B. 听党指挥

C. 能打胜仗　　D. 作风优良

20. 依据“一国两制”方针，国家主体实行的制度是（　　）。

A. 新民主主义制度　　B. 资本主义制度

C. 社会主义制度　　D. 共产主义制度

21. 在新时代党解决台湾问题的总体方略中，统一的根本动力是（　　）。

A. 坚持团结台湾同胞、争取台湾民心

B. 坚持一个中国原则和“九二共识”

C. 推动两岸关系融合发展

D. 粉碎“台独”分裂图谋

22. 加强同发展中国家团结合作，我国秉持的理念是（　　）。

A. 总体稳定　　B. 均衡发展

C. 以邻为伴　　D. 真实亲诚

23. 在全人类共同价值中，体现人类共同理想的是（　　）。

A. 天下为公　　B. 民主自由

C. 和平发展　　D. 公平正义

24. 新时代党的建设的鲜明主题是（　　）。

A. 调动积极性　　B. 全面从严治党

C. 调动主动性　　D. 真抓敢抓狠抓

25. 我们党最彻底的自我革命是（　　）。

A. 反官僚主义　　B. 反形式主义

C. 反腐败　　D. 反浪费

第二部分　非选择题（50分）

二、简答题（本大题共5小题，每小题7分，共35分）

26. “两个确立”是党在新时代取得的重大政治成果。怎样深刻领悟“两个确立”的决定性意义？

27. 如何理解人民对美好生活的向往就是党的奋斗目标？

28. 党的十八大以来，我们党对社会主义基本经济制度作出了新概括。简述社会主义基本经济制度。

29. 简述我国的根本政治制度和基本政治制度。

30. 简述中国特色社会主义法治道路的核心要义。

三、**论述题**（本大题共 1 小题，共 15 分）

31. 结合材料回答问题：

在新中国成立特别是改革开放以来长期探索和实践基础上，经过十八大以来在理论和实践上的创新突破，我们党成功推进和拓展了中国式现代化。

中国式现代化，是中国共产党领导的社会主义现代化，既有各国现代化的共同特征，更有基于自己国情的中国特色。

——摘自《习近平著作选读》第一卷，人民出版社 2023 年版，第 18 页。

试述中国式现代化的中国特色。

2024 年 10 月全国高等教育自学考试
习近平新时代中国特色社会主义思想概论
试卷
参考答案

（课程代码　**15040**）

一、单项选择题（本大题共 25 小题，每小题 2 分，共 50 分）

1. C　2. A　3. B　4. A　5. B　6. D　7. D　8. D　9. C

10. C　11. C　12. B　13. A　14. C　15. D　16. A　17. B　18. D

19. B　20. C　21. A　22. D　23. D　24. B　25. C

二、简答题（本大题共 5 小题，每小题 7 分，共 35 分）

26. 答：党的十九届六中全会指出，党确立习近平总书记党中央的核心、全党的核心地位，确立习近平新时代中国特色社会主义思想的指导地位，反映了全党全军全国各族人民共同心愿。（3 分）“两个确立”是新时代党和国家事业取得历史性成就、发生历史性变革的决定性因素，（2 分）是党和人民应对一切不确定性的最大确定性、最大底气、最大保证。（2 分）

27. 答：（1）坚持人民至上，必须始终把人民放在心中最高的位置。（2 分）

（2）为人民谋幸福是党始终坚守的初心，让人民过上好日子是党一贯的追求。（3 分）

（3）体现了我国社会主要矛盾转化对党和国家工作的新要求。（2 分）

28. 答：公有制为主体、多种所有制经济共同发展，（3 分）按劳分配为主体、多种分配方式并存，（2 分）社会主义市场经济体制等共同作为社会主义基本经济制度。（2 分）

29. 答：我国的根本政治制度是人民代表大会制度。（2 分）中国共产党领导的多党合作和政治协商制度、（2 分）民族区域自治制度、（2 分）基层群众自治制度（1 分）构成我国的基本政治制度。

30. 答：坚持党的领导，（3 分）坚持中国特色社会主义制度，（2 分）贯彻中国特色社会主义法治理论。（2 分）

三、论述题（本大题共 1 小题，共 15 分）

31. 答：

党的二十大集中概括了中国式现代化五个方面的中国特色，具体包括：

（1）中国式现代化是人口规模巨大的现代化。我国全体人民整体迈进现代化，人口规模超过现有发达国家的总和，将极大改变现代化的世界版图。（3 分）

（2）中国式现代化是全体人民共同富裕的现代化。这是中国式现代化区别于西方现代化的显著标志。（3 分）

（3）中国式现代化是物质文明和精神文明相协调的现代化。物质富足、精神富有是社会主义现代化的根本要求。（3 分）

（4）中国式现代化是人与自然和谐共生的现代化。坚持绿色发展，统筹推进经济社会发展和生态环境保护，确保可持续发展。（3 分）

（5）中国式现代化是走和平发展道路的现代化。中华民族有崇尚和平的文化基因，渴望和平、追求发展始终是中国人民的精神特征。（3 分）